U0857862

中国教育三十人论坛第二届年会部分参会人员合影

创新时代：教育怎么办

朱永新　汤敏　周洪宇　袁振国　谢维和 | 主编

CHUANGXIN SHIDAI JIAOYU ZENMEBAN

山西出版传媒集团　山西教育出版社

图书在版编目(CIP)数据

创新时代:教育怎么办/朱永新等编著. —太原:山西教育出版社,2016. 5
(中国教育三十人论坛丛书)
ISBN 978-7-5440-8329-4

Ⅰ. ①创… Ⅱ. ①朱… Ⅲ. ①教育-中国-文集 Ⅳ. ①G52-53

中国版本图书馆 CIP 数据核字(2016)第 052585 号

创新时代:教育怎么办

责任编辑 王介功
复　　审 彭琼梅
终　　审 潘　峰
装帧设计 王耀斌
印装监制 贾永胜

出版发行 山西出版传媒集团·山西教育出版社
(太原市水西门街馒头巷 7 号 电话:0351-4035711 4729801 邮编:030002)
印　　装 山西臣功印刷包装有限公司
开　　本 720×1020 1/16
印　　张 14
字　　数 150 千字
版　　次 2016 年 5 月第 1 版 2016 年 5 月山西第 1 次印刷
书　　号 ISBN 978-7-5440-8329-4
定　　价 30.00 元

如发现印装质量问题,影响阅读,请与印刷厂联系调换。电话:0351-7337712

前 言

2015年12月19日，中国教育三十人论坛第二届年会在北京成功举行。中国教育三十人论坛的18位成员、香港城市大学原校长张信刚先生和著名企业家李宁先生作为嘉宾参加大会，并做精彩演讲。现场听众来自全国各地，总计超过五百人，还有六十多家媒体记者，堪称教育界的一大盛会。

近年来，创新越来越受到社会各界的关注。中国经济发展正在进入新常态，要保持中高速增长、向中高端水平迈进，必须依靠创新支撑。创新需要高素质的、具有创造能力并全面发展的人才，这就对中国教育提出了巨大挑战。时代呼唤教育创新，中国教育也到了必须通过改革和创新来获得活力，提高教育质量和教育公平的新阶段。因此，本届年会的主题是“创新时代：教育怎么办”。

在创新时代，中国教育如何创新才能适应时代的要求？教育创新可能在哪些方面取得突破？能否通过创新解决多年存在的体制和制度问题，激发和增强中国教育的活力？本届年会的主旨，就是探讨教育创新的路径，集思广益，凝聚共识，为“十三五”期间教育改革提供智力和思想支持。

大会采用主旨演讲、嘉宾对话和观众互动等形式，活泼生动，气氛热烈。专家学者们围绕“需要怎样的大学内部治理体系以利于创新人才培养？”“中小学如何为创新精神与创新能力培养奠定基础？”“怎样创新教育体制和机制以激发和增强教育活力？”“如何通过技术创新促进教育创新？”等四个热点议题展开深入讨论，对“十三五”期间教育创新提出了很多具有建设性和可操作性的意见和建议。

本次年会得到媒体的广泛传播，产生了极大的社会反响。根据年会内容整理的《中国教育三十人论坛关于教育创新的建议》，也得到了国务院主管教育工作的领导同志的批示。作为一个高端智库，中国教育三十人论坛已经架设起学术研究与公共政策之间的桥梁，社会影响力越来越大。

作为中国教育三十人论坛的合作单位，山西教育出版社把本次年会的内容精心编辑，汇集出版，旨在让更多关注中国教育问题的读者能够共享思想盛宴，共同为推动中国教育创新而努力。

中国教育三十人论坛学术委员会

2016年3月15日

目 录

怎样创新教育体制和机制以激发和增强教育活力?

如何通过技术创新促进教育创新?

附　录

特邀嘉宾演讲

张信刚

香港城市大学原校长

英国皇家工程院外籍院士

世界知名生物医学工程专家

无心插柳柳成荫

非常高兴能够参加这次论坛，特别要向中国教育三十人论坛致敬，向辛苦准备这次论坛的各位致谢。假如有人对最近几年里中国媒体和社会上各种讨论的关键词做一个普查，相信“创新”这两个字是最常见和最热门的词语之一。因为现在中国社会上已经有一个非常广泛的共识，就是我们如果要进一步并且持续发展，创新是必要的。中国教育三十人论坛从去年开始探讨这个问题，我觉得是一个很好的现象。

今天我要在这里抛砖引玉，把一些粗略的想法向大家汇报一下。

首先，创新就是要能够跳出框框去思考。这张图是14世纪一本带有插画的波斯书的一页。这位细密画插图画家的确是跳出了框框去思考；但他并不是完全没有框框。他是要在一本书的一页纸上表现他的创新。那一页纸的尺寸是他真正的框框，他不能把插图画到纸外头；所以他在纸上又画了一个框框，把书的几行文字写在框里面，同时在这个框里画了一幅插图。插图是一堆山石和几棵树，其中一大块石头和一棵树都跑到了框框的外面，但当然还在那一页书纸上。

我很理解这位14世纪的画家，他当时的处境跟我今天有相似的地方。他不能在那页纸的外面作画，但却想设法表现他跳出框框的意境；我不能离开今日社会的现实做演讲，但是却很想跳出框框思考问题。

再给大家一个跳出框框思考的例子：

问：离婚的基本原因是什么？答：是结婚。

创新的事例

现在再举几个大家一般并不注意的古代制度创新的例子。这几个创新在人类文明史上都很重要，而且又都出现在中国。第一个是科举制度。这其实是打破血统门第的好方法，让平民百姓的子弟能够升到社会上层，参与管理社会。这个创新使得中国建立了全世界最早的优才制度。第二个是唐朝就开始，宋朝更加发展的飞钱，这让汇款人不必带大量金银和铜钱到远方交给收款人；它是世界经济史上很重要的创新。第三个是纸币的使用；始于宋代，盛行于元代。欧洲人从蒙古人那里学到了印刷术和纸币的使用，因此逐渐产生了不以金属当媒介的商业交易和政府征税。这三个创新都是古代中华民族对人类文明的贡献。

下面我再谈三个近代的财务和金融创新。第一个是双栏记账法。早期世界各地的人记账都是记流水账，进来一笔多少，出去一笔又是多少。15世纪有个意大利人开始把账册分为两栏：一栏是收入，另一栏是支出，两行记账，收和支，资产和负债，看得一清二楚。今天全世界的会计都用这个方法。第二个是荷兰在17世纪初为了向海外扩展，成立了东印度公司，公开发行股票，向全社会集资，这是资本主义社会形成过程中的重要创新：既然有了股票，就有股票的公开买卖，于是开创了资本市场。第三个创新是股票交易所的建立。因为有了股票买卖，就出现了股票经纪人；1792年美国华尔街上有二十几个股票经纪人在各自运作一段时间后意识到，与其各人单打独斗，不如找一个固定的地方和按一定的规矩为各自的客户进行股票交易，这就是今天全世界证券市场的滥觞。

这三个近代的创新是前面提到的三个创新的后继产物，对我们今天的社会经济活动更加重要。

前面讲的都是20世纪以前的社会和金融制度创新。下面我讲几个我个人亲身经历的科技创新，它们对当代人的生活方式、社会组织形态和思想意识都产生了重大影响。

我是前抗生素时代的人。1940年，抗生素开始生产。1945年，原子弹试爆成功。1946年，第一台电子计算机正式运作。1947年，电视联播开始。同年，实用半导体出现。1953年，DNA的双螺旋分子结构被证实。1960年，激光实验成功。1963年，集成电路在美国硅谷开始使用。那一年我在斯坦福大学读硕士，在中国餐馆里听到好友介绍他正在研究的课题——集成电路。当时我顾着解馋，没有仔细咀嚼他的话；直到十年后自己买了一台计算器才知道集成电路的重要性。1971年，以半导体用集成电路方式制造的微处理器问世。1973年，在不同城市和国家的23台计算机通过长途电话线相连接，国际互联网首次实现。1977年，苹果微型电脑进入市场，我买了一台。1983年，摩托罗拉公司推出移动电话，重约一公斤。1984年，文字处理软件走红。1994年，万维网普及。那时我在美国匹兹堡大学担任工学院院长，但是还不清楚万维网究竟是怎么回事。最近两天在浙江乌镇举行全世界的互联网会议，几千人参加。信息革命影响之大，以及中国在这方面所取得的成绩都非常明显。

谁是创新人才？

在众多重大创新连续出现的20世纪之后，我想问一下，什么是创新？谁是创新人才？

我认为，没有人可以完全从无到有地创造。创新不是创造，也不是人家没做过，我做了就叫创新；那可能只是标新立异而已。人家没想到没做到的，我想到做到了，而且对其他人有益处，这才叫创新。这包括：第一，发现自然或社会现象并能认知到其意义的人（比如牛顿和马克思对自然界和社会的认知）；第二，将既有的原理或材料加以组合使之具有新用途的人（研发今天到处都能见得到的小纸贴的3M公司团队；还有，近来许多中国人到日本去买智能喷水马桶盖，这就是日本商家的创新）；第三，从似乎无关联的事件或现象中觉察到其关联者（因为注意到照相胶片在抽屉里都能感光而发现X光的伦琴)。这些创新都需要有独立思考和逻辑推理的能力，能举一反三联系不同的事物，还要有不怕失败、锲而不舍的精神。

如何培养创新人才?

我们教育界当然关注创新人才的培养。究竟创新人才如何培养呢？今天的讨论非常广泛，非常新颖，也非常有趣。

我这几年注意到，很多人似乎假定创新人才是可以按照某种方式培养出来。我今天的讲话以“无心插柳柳成荫”为题，已经说明了我的看法。创新人才当然是需要培养的，可是这里的决定因素是什么？究竟是用什么过程来培养创新人才？谁敢说我招一班学生，开一门“如何创新”的课，或是成立一个创新研究所，就可以把这批学生培养成一批创新人才？

我不认为这是可能的。最重要的是要找出来，究竟是什么样的环境可以使许多人愿意去创新？要有什么样的教育制度，才能使人有创新的基本能力？我认为，要让人敢想敢言敢做，敢于尝试而不怕失败，这是最重要的因素。与其有心栽花花不发，不如无心插柳柳成荫。

创新人才应该是可以培养的，但是既不能用设计图的方法大批铸造，也不知道究竟怎样才能让某些人有创新的动机、能力和成功的客观条件。与其刻意培养创新人才，不如致力于建立一个鼓励创新的社会文化，而这个社会文化当然是在刚才说到的那个大框框里面。我们的历史文化传统和当今的社会现实就是那个大框框，是不可以忽视的。任何民族都不能否认，也难以摆脱自己的文化传统，但是也都能够在有限的范围里面塑造自己的未来。我们不应该信从宿命论，以为我们既然有如此的文化传统，就必然要走这样的路。

创新与文化因素

这两天俄罗斯在新闻上很受关注。他们五百年来一直是一个大国，地域广阔，人口复杂；既属于欧洲，又属于亚洲；既有地方自治，又是中央集权；既有东正教传统，又有鞑靼人风格。因此，三百年前的彼得大帝和当今的普京总统有相当类似的处境也有类似的作风。俄罗斯的文化和教育既然是这样的，他们要想塑造的创新环境、他们的人才必然会和这样一个历史文化条件相呼应。美国有它自己特别的历史，日本也有它的历史，跟我们的不一样。所以，我们没有办法完全照他们的教育制度培养中国的创新人才。

我们刚才看到的这张照片是在乌镇照的，是中国融入国际社会，加入世界秩序的表现。才一百年前，中国的上层社会妇女是这样的，她们和其他国家的女子的打扮很不相同，也还都裹着脚；她们虽然属于上层社会，但是她们的受教育程度恐怕不高，而且遵循女子无才便是德的思想，没接受过什么正规教育。要承认，我们今天的社会就是这么过来的。

最近几个世纪，东亚区域，就是儒家思想有重要影响力的区域，很少出现重大的科学发现、重大的技术突破或重要的社会学说。中国在宋朝以前有四大发明，都是重要的科技创新。而我刚才举的三个例子是社会和经济制度上的创新。怎么近几百年就没有了呢？

是不是因为明清以来中国的皇帝极权专制，士人又只想从科举求功名？是不是儒家的道统使我们的社会趋向保守？我们今天的教育制度和我们的社会环境是否鼓励创新呢？我们夸人家小孩的时候，常说“你孩子真乖啊！”“他好听话！”这都是赞扬的话。小孩听多了，当然就要听话，要乖。这样的人，适合创新吗？还有，我们的考试制度，鼓励人们独立思考和深入研究吗？

两点观察

我还想加入两点我个人的观察。

第一，我们今天讲的教育一般是专指学校教育。其实一个人的成长过程中，从呱呱坠地那一刻开始，父母家人对他的态度、他自己看到的听到的感受到的、以后老师同学说的做的、社会舆论给他的影响，这些输入的总和才是他真正的教育；学校教育只是有计划的、制度化的一部分，很重要，但绝对不是全部。

教育的目标任何社会都有，都是为了能够培养对这个社会（部落、国家）有承担并且有贡献的人。学校教育和社会教育究竟哪一个影响更大？我希望今天讲到教育创新的时候，大家要记得学校固然是一部分，社会也是很重要的一部分。今天流行的各种形式主义，很多复杂的人际关系，对失败者不容忍不鼓励的社会风气，这些都对创新造成负面影响。如果我们今天看看世界各地，创新成果多的社会大都是人和人的关系比较简单。在古老的社会，包括我们自己和印度、伊朗等，人和人的关系都比较复杂，大家花很多时间在处理人和人之间的关系，而不是从事自己的工作，因此工作的效率要打折扣。不是根本没有创新，但是创新的数目和频率会大为降低。这是我在世界各国游走得到的印象，请大家考量并指正。

第二是个人与集体的关系。最近几十年大家常常说社会主义是以集体利益为出发点，资本主义则是以个人利益为出发点，因此很多人，包括西方人，都说中国是集体主义者，西方人是个人主义者。真是这样吗？我在美国的时候看到美国人对自己国家的忠诚，对自己社会的爱护，绝不弱于中国人。但他们并没有爱国主义教育这样的说法。以色列也是如此。任何到过以色列的人都能看到以色列人十分爱国。他们的基本态度是要求教育发挥实际作用，而不是用形式主义和走过场来宣传爱国。比如说，它们有很多旅游景点，都没有挂出爱国主义教育基地的招牌，但是却完全起到这样的作用。所以西方国家的人并不是完全以个人利益为主。美国西点军校的校训是：国家、荣誉、责任。这三点哪一点是提倡个人主义？而我们唐朝柳宗元的两句诗，“孤舟蓑笠翁，独钓寒江雪”，因为它的境界，被后人传颂一千多年而不止。一个人披着蓑衣驾着小船，在寒江里独自钓鱼，哪里有什么集体意识呢？柳宗元的个人主义情趣在中国文化传统里一直是存在并且受到赞扬的；正如范仲淹的“先天下之忧而忧，后天下之乐而乐”所表达的公众情怀也一直是存在而受到赞扬的。所以，几乎任何一个社会都是集体主义与个人主义的混合体。

创新的人不一定是个人主义者，为集体也可以创新，甚至有的创新根本就是为了集体的利益，而且需要多人的共同合作。最近获得诺贝尔奖的屠呦呦和她所属的团队就是这样。不思进取，不敢创新的人完全可以是自私自利的个人主义者而不是急公好义的集体主义者。我们必须要摆正创新与守旧、个人与集体之间的各种关系。

当我们说“中国梦”这三个字的时候，那应该是千千万万众多个人的不同的梦汇集而成，朝着一个总方向的梦，而不是人人都做一样的梦。如果大家只是做一样的梦，那每个人都当个小螺丝钉就算了。我认为中国梦是大家都有一个自己的梦，但这亿万个内容各异的梦可以推动亿万个人的努力，它们把所激发的总体力量合在一起，就能铸成并且实现中国梦。

教育改革：中学

我觉得我们中学不应该分文理。需要加强科学意识，不一定是增加自然科学的课程，而是加强科学思想的传布，促进学生的科学思维。人类从茹毛饮血到今天的高度文明，最主要的手段就是通过自己的观察和理性分析，对自然法则，对社会现象，对心理活动有了解；这都是科学的作用。所以科学推理的训练在中学断不可少。前几年因为受到一个假郎中的骗，北京许多人都抢购绿豆，把绿豆价格都抬高了，这说明在北京市的人口里科盲是普遍的。假如都没有科学思维，用什么方法来创新呢？高中如果分文理，念理科的学生固然不可能不读语文、历史，但是念文科的学生对数理化只是蜻蜓点水，基本没学到，可能终生对科学都没有认识。

另一方面，中国文化的重要宝藏之一就是我们的文字；我们也有很长的延续的文学传统，所以在语文课里要学不同的文体，包括许多范文。

语文训练要占中小学生很大一部分时间，这是我们中国人特有的负担。拼音文字就不需要用那么多的时间去学习。说西班牙语的小孩很快就能掌握发音和拼写。一年级小学生就能学会读书（懂不懂是另外一回事），四年级就能写出来通顺的文字（内容又是另一回事）。我们今天的小学生能认出写于晋朝的《兰亭集序》中的文字，中学生大多能够读得懂。这是我们的骄傲，但是这样的文化传承往往使我们过分尊重权威，忘了自己也可以有所创建。中学生如果净是背诵和套用范文，缺少自己的思维，逻辑的训练自然就会比较弱。因此，鼓励中学生自己思维判断是很重要的。

教育改革：大学本科

在大学本科阶段，任何一个社会都不可能只是训练一些所谓的“通才”，而真正的通才也不是学校里可以训练出来的。现在的知识总量那么大，我觉得在课程设计中一定要找到专业课程和通识课程的平衡点。今天的某些专业，二十年之后，甚至不需要二十年，就可能没有什么价值了。一个人脑子里如果有一个比较完整的总体知识结构，那他对新的事物就会比较容易理解，同时他对人类从古到今如何取得知识和经验也就比较容易有所认识。所以我个人是很注重通识教育的。

但通识教育必须是相对专业教育而言。我们因为有专业分科，才会有通识教育。我认为今天的通识教育不只是为了教育出一个有教养的人，虽然这仍然是教育的目标之一；通识教育的另一个功用是补足专业教育的不足，让专业的毕业生有终身学习的动机和能力。所以我在美国和香港两次担任工学院院长的时候，都很重视课程改革，要求每个专业的课程设计必须慎重地平衡专业课程与通识课程，让它们比翼双飞。

我退休后在清华、北大都教过大班的通识课，发现学生们念的学分数实在太多，结果是没有时间在任何一门课上花足够的时间去思考，去理顺它，而只是为了考试念一念，背一背。北大和清华的学生尚且如此，其他大学一定也差不多。美国比较好一点的大学里，一般四年毕业的学分要求是120到130，每学期也就是15、16个学分，就是四门课左右。这样，学生才能真正掌握到每门课的内容，而且通常还需要写一篇学期论文，经过一个自己思考和判断的过程。如果只是把教科书和老师的课件拿来研习记忆，日后就很难勤于思考，善于创新。咱们中国的学生绝对不懒，其实一般都比北美洲的学生要勤勉。但是再勤勉的学生遇上太大的课业压力，也只能囫囵吞枣，应付了事。慎重设计一个专业的课程内容，减低毕业的学分要求，确实十分必要。就算部分教师怕将来没有事干，也还是必要。

教育改革：研究院

今日的任何人都必须设法自我提升，硕士不管是兼读的，全时的，都很重要。大量开设硕士班绝对重要。

但以我们目前的经济力量和现有博导的学术水平来看，似乎不应该招收那么多博士生。博士是为了培养专业教学和研究人才而设的，不应该被认为是正常学习阶梯的最高一级（会计师、建筑师、律师、医生、商人、行政人员都不需要博士学位）；当然它更不是为了在履历上印出来。因此博士的培养和硕士的培养是有明显区别的。大学不应该因为想报考博士的学生多，想取得博导称号的人多，就不看实效而让博士学位悄悄地硕士化，这是资源的耗费和人才的错用。

最后我想说，今天我在这里之所以愿意跟大家分享我这些或许不够全面和成熟的想法，是因为刚刚主持人汤敏博士说过，希望大家畅所欲言。我在这里把我个人的实践和观察无保留地和大家分享，希望得到大家指教。谢谢大家！

李　宁

李宁公司创始人，董事长兼执行总裁

二十世纪最杰出运动员之一

体育是教育的一部分

尊敬的各位领导、各位来宾、各位朋友，大家好！

非常高兴参加中国教育三十人论坛第二届年会，感谢主办方的邀请，让我有机会和在座的各位领导、学术顾问、与会嘉宾从体育的角度来探讨青少年的教育发展。

在中国，社会对体育的认识和理解也是一个过程。过去我们认为体育就是强身健体，为国争光，尤其在中国这个体制下，为国争光意识非常明确，很在意比赛的输赢；现在我们对体育的理解已经进步了很多。我们逐步认识到体育不仅仅是输和赢，更是通过竞技激励自我，超越自我，实现梦想的体验。

奥林匹克运动之父顾拜旦说过，体育也是教育，体育不仅仅是一种娱乐，一种竞赛，更是青少年素质教育的重要组成部分。因为在体育里面有知识，有科学，有技术，有规则，有对手，有可重复博弈的健康游戏；体育让参与训练竞技的人学会自立自强，学会表现自己，学会尊重对手，学会如何尊重规则，也学会建立一种团队精神。而这些正是现代体育机制的基础。现代体育给青少年提供了一个体育运动的平台，让他们在体育运动中体悟体育的魅力，感受体育给他们带来的快乐，最终可以帮助青少年获得强健的体魄和健全的人格，全面提升他们的素质，使他们成为未来高素质的社会人。

体育不是简单的健身，现代体育不是传统中国那种养生之道，也不是简单的追求健康长寿，现代体育很重要的一点，是一种开放的交流。现代体育很重要的形式就是竞技，是通过竞技，最终实现自己的一种梦想的超越或者是自我超越，即便你输了，你没拿到冠军，也可能你从心理上和从能力上、身体上，其他各种形式实现你的超越。因此，在现代体育活动中，青少年可以积累社交能力，学会团队合作，增强心理承受能力。现代体育跟我们一般所讲的健身理念是不一样的。

教育部发布了2014年全国学生体质与健康调研的报告，显示中小学生身体素质是有所提升，这是我们近年来开始重视并努力推进青少年体育事业发展的一个结果。我相信青少年体育锻炼不仅仅能强健体魄，更重要的是，体育教育对正在成长的青少年的人格塑造也发挥着重要作用。

不过在现实生活当中，我们国家普遍存在着少年儿童近视、肥胖以及整体青少年体质以及社交能力偏弱等等问题，这些都是大家非常关注的热点话题。从这点能说明整个社会在关注知识改变命运的同时，也越来越关注中国人整体的素质水平。我个人认为我们现在社会对青少年体育教育的投入还是远远不够的，学校的体育设施以及学生能够参与体育活动的时间严重不足，对现代体育的认知还需要不断地加强。在前面提及的那份调研中，我们也可以看到我国有很多大学生身体素质是下降的。大多数是因为在中学、小学阶段养成良好的锻炼习惯，但没有足够的时间参与体育活动，已经无法达到强健体魄的目的。体育教育功效就更没有了。我们应该加强体育教育的作用，让体育成为青少年素质教育的组成部分，应该是重要的组成部分。让体育活动成为他们生活的重要组成部分。让他们通过体育获得更加强健的体魄和健全的人格，让中国青少年未来的素质得到全面提升。

其实对于体育，我们对体育的知识和方法的一些认知还需提升。我曾经到一个学校看过，他们课间操是所有人站在一起，放着音乐，随手甩，甩了十几分钟二十分钟，也达到了活动目的，但是和体育的教育功能完全不一样。因为体育是需要一种游戏，一种相互之间的互动游戏，不是自己孤独地在那里自我运动。它是有知识的，他可能会受伤，但是在受伤的过程中，人会变得坚强。如果我们小的时候没有机会去摔倒，以后我们真正成人了，走向社会的时候，社会群体都是不敢摔倒的群体，中国人怎么会有竞争力？

当然现在通过体育活动来促进青少年素质的提升，从政府到家庭正在逐步形成一种共识。全国已经建立起中学生、大学生的一些竞赛平台；在2013年公布的竞赛计划中，中学生竞赛有27项，大学生有13项，其中包括篮球、足球、排球、乒乓球、游泳、田径、健美操等大众体育项目。篮球和足球已经建立了各种各样的联赛制度，这种联赛制度为青少年的参与提供了一个非常好的平台。我相信政府、社会、家庭携手努力，就能不断推进我国青少年体育发展。让我们坚信体育亦是教育，让每个青少年都从体育教育中受益。谢谢大家！

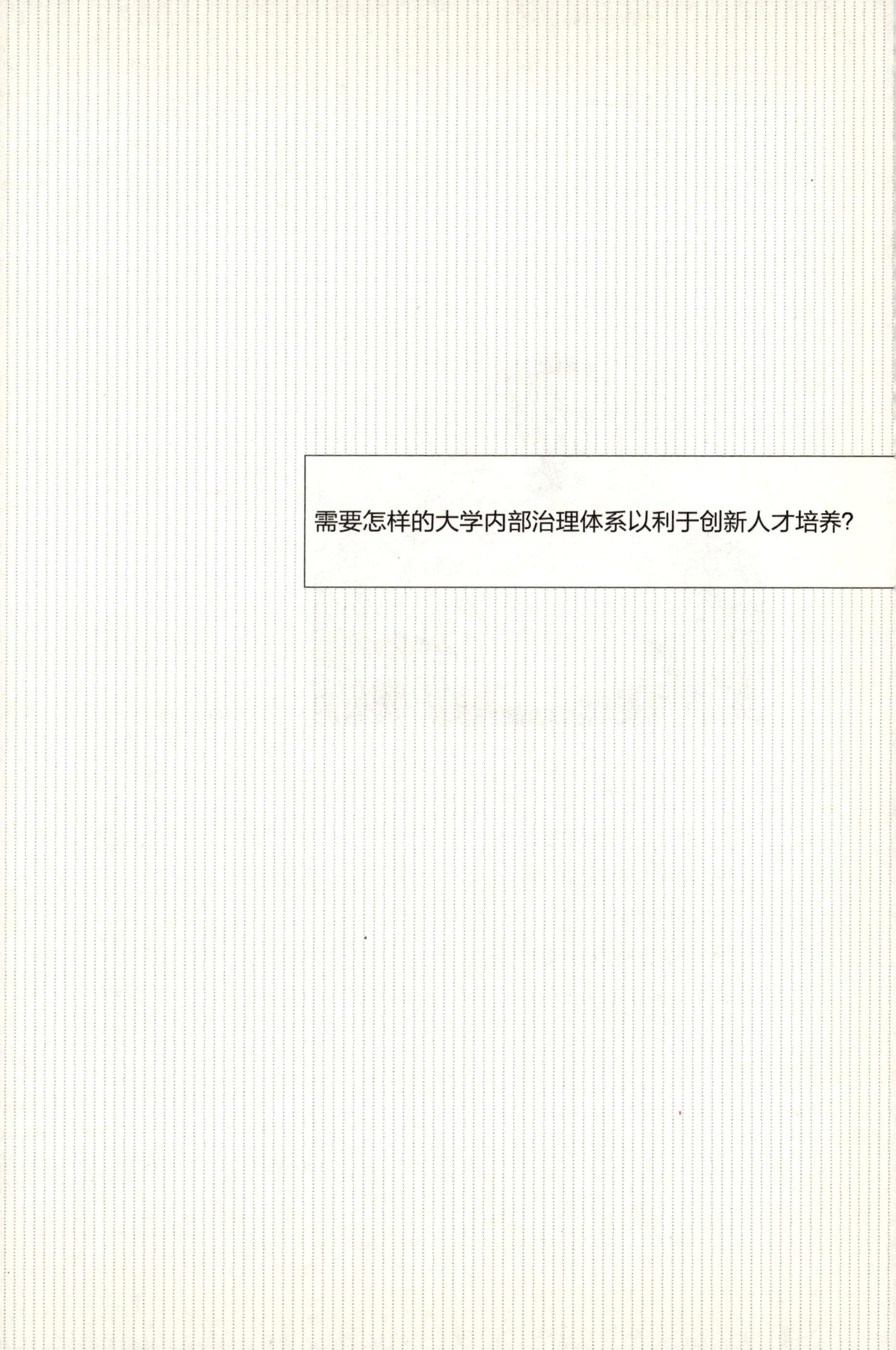

需要怎样的大学内部治理体系以利于创新人才培养?

邵 鸿

中央社会主义学院副院长

九三学社中央常务副主席

全国政协常委

国家教育咨询委员会委员

研究领域：中国古代经济史、社会史、军事史和江西地方史

破除体制约束，实现高等教育的现代化

一、体制约束是目前高等教育的主要问题

20世纪50年代，与中国经济领域计划经济的建立相一致，高度集权的教育体制和传统也被确立。在高等教育领域，其具体表现为取消民办院校，各级各类学校均由政府设立，并成为教育行政主管部门管理下的事业单位；学校领导由上级委派，并有相应的行政级别；主管部门支配和控制学校的重要事务，招生分配更完全按国家计划实施。比照计划经济一词，我将此称为“计划教育”。

改革开放以来，在破除计划经济、建设社会主义市场经济过程中，对计划教育的改革也随之启动。1985年，《中共中央关于教育体制改革的决定》指出，“政府有关部门对学校主要是对高等学校统得过死，使学校缺乏应有的活力；而政府应该加以管理的事情，又没有很好地管起来”，因而提出“简政放权，扩大学校的办学自主权”的改革要求。1993年的《中国教育改革和发展纲要》和此后包括高等教育法在内的一系列教育法律法

规的制定，都推动了相关的改革。

计划教育体制由此发生了重要的改变，表现在放开民办（包括中外合作办学），不包学生分配，以及后勤社会化改革等方面。但是大的教育管理体制的框架并没有根本改变，一是具有行政级别的事业单位性质没有改变，二是政府主管部门对学校重要事务的强力控制和支配没有变，特别是招生制度和干部人事制度没有改变。而且值得注意的是，在某些方面还发生了程度不同的逆发展现象：一是行政化增强，人为强化学校的行政级别，领导官员化，学校行政权力膨胀，教师主体地位下降。当我看到有些大学领导坐着挂军牌的轿车，进出办公楼有人开车门时不禁感慨，这和我们77、78级上大学的时候已有天壤之别。二是行政干预加大，政府和教育行政主管部门的各种规定和办学事务审批（从招生计划、学科设置、学位授权点，某些具体课程的设定到形形色色的建设计划、发展项目等）繁多，量化考核评估盛行，高教法关于学校自主权的规定不落实，教育家办学和学校特色化发展的制约越来越大。三是民办高等教育仍处于较低的补充地位，待遇不平等，而且政府对民办教育办学的干预也逐渐加大。四是高校在某种意义上成为官场和名利场，腐败现象严重，教学质量下降，科技创新能力不足。新中国成立以来任何一个时期都没有像近些年这样，有那么多学校管理者因腐败落马，这是非常令人痛心的。

总之，改革开放以来，相比于在经济领域全面的简政放权搞活，中国高等教育领域的简政放权成绩还非常有限。我们的大学不是按照教学科研规律组织管理的，而仍是一种科层制的行政体系，办学主体和做学问的人处于边缘和被支配的地位，因此，现在中国的大学和以自主办学和学术主导为基本特征的现代大学还有较大的距离。中国大学的种种弊病，乃至“钱学森之问”，其实归根结底都可以归结到计划教育或行政化这样一个要害。因此，破除计划教育，理顺政府和学校、学校内部的行政和学术权力关系，是中国高等教育体制改革的必须和关键。

二、近6年来高等教育改革的绩效与局限

为适应经济社会发展的需要，多年来国家和各级教育主管部门在高等教育改革方面付出了很大努力。2010年开始实施的《国家中长期教育改革和发展规划纲要（2010—2020年）》以及中共十八届三中全会全面深化改革的决定，都就此提出了明确的改革要求，并做出具体部署。特别可贵的是，党和国家表明了去除事实上存在的行政化，建设依法办学、自主管理、民主监督、社会参与、教授治学的现代大学的基本立场，最近又提出建设世界一流大学和一流学科的目标和任务，这都是非常重要的判断和宣示。为了贯彻落实中央的决策，教育部在过去的6年中推出了一系列相关政策和举措。

2011年，颁布了《高等学校章程制定暂行办法》，试图为建设现代大学制度建立最重要的基础。教育部并且明确，经核准的部属大学章程地位

高于该部一般文件。目前全国120多所“985”和“211”大学已全部完成章程制定并获核准。

2012年，颁布了《全面推进依法治校实施纲要》，这一文件的内容并不限于一般意义上的依法治校，实际上是整个高校体制改革的一个框架性的纲领和规范。

与此相配套，教育部于2010年以部长令的形式颁布了《高校信息公开办法》，2014年又出台了《高等学校信息公开事项清单》；2011年，颁布了《学校教职工代表大会规定》；2014年，颁布了《高等学校学术委员会规程》和《普通高校理事会规程（试行）》。它们和前面两个文件一起，搭建了中国大学治理的制度性框架，而且不少内容超出社会预期，难能可贵。

还有若干重要举措同样值得重视。比如2010年的《财政部教育部关于进一步提高地方普通本科高校生均拨款水平的意见》，大幅度提高了省属地方高校的生均津贴，不仅有利于地方高校的建设，而且为提升地方高校的财政和办学自主权提供了很重要的条件。又如2012年出台了《教育部关于鼓励和引导民间资金进入教育领域促进民办教育健康发展的实施意见》，今年教育部关于废止和修改部分规章的决定又进一步明确，民办高校可以自主聘任校长，这对民办教育的发展无疑是重要利好。此外，教育部还批准了若干重要的教育改革试点，如深圳筹建南方科技大学，在全国几十所大学开展建设现代大学制度和民办教育综合改革的试点，在5所部属大学试点公开选拔校长等，这些也都是可贵的探索。

不难看出，上述系列举措旨在推动简政放权和去行政化，建设现代大学制度，对于中国的高等教育来说，当然是一种制度性和实质性的变革。正是基于此，我认为教育中长期规划纲要颁布以来的6年，是高等教育改革逐步发展和深化的6年，改革的基本理念比较明确，制度建设多有建树，中国高校在改变计划教育方面迈出了重要步伐。这一点应该充分肯定，不应视而不见。

与此同时我们也要看到，计划教育和行政化的问题迄今仍未得到根本解决，上述“两个没有改变”依然如故，建立现代大学制度任重道远。从实践层面看，教育部推出的改革举措在落实上还有很大差距。比如不少高校的章程被认为是形式化的，缺乏实质意义；高校信息公开的情况也并不理想，有关调查得分很低；教授治学还更多停留在理念上；民办和公办高等教育地位平等的法律和政策规定也远非现实，有关民办教育文件迟迟未能出台，民办院校出现萎缩趋势；教育修法滞后，未能给改革提供必需的支持。当下高校体制改革似乎可以说处在一个相持的阶段，改革面临诸多阻力，应有的改革气势和决心还没有充分显现，改革的绩效也还不明显。据我观察，高校领导往往缺乏改革动力，积极性不高，众多高校的工作重心还没有放到现代大学制度的建设上来。高等教育改革的气象和中小学教育形成了明显反差；不久前全国教育博览会在北师大举办，我看后觉得非常遗憾，参展的三百多项成果中，属于高校的寥寥无几。中小学方面教改是八仙过海，各显神通，异彩纷呈，也涌现了一批勇于改革、成绩显著的教育家；但是我们的高校却比较沉闷，少有举措，更看不到可以称为教育家的党委书记和校长，这一点耐人寻味，更值得反思。

三、进一步推动高等教育改革的几点思考

中国高等教育的方向和出路，只能是通过不断改革，破除计划教育传统，建立符合教育规律和社会主义市场经济要求的现代大学制度，这一条绝不能动摇。为加快高校改革的步伐，我提四条建议：

一要宣誓决心，鼓励改革。习总书记去年（2015年）5月在北师大视察时强调："高等院校要走在教育改革前列"，这一指示非常有针对性。高校改革需要思想的大解放，各级教育主管部门应鲜明表态、积极鼓励地方和学校大胆探索实验，在切实落实已有改革举措的基础上，还要努力推动诸如职员制改革、民主选举院系负责人、赋予学术委员会更大的权责、学生参与学校事务管理、加大对民办大学的政策支持力度等改革，从而形成生动活泼，上下互促的改革创新之局面。

二要加强督察，狠抓落实。各级教育主管部门应对近年来高校改革举措进行专项督察，并将此作为未来一个时期的工作重点。可将有关工作纳入正在开展的巡视活动中，并借助人民代表大会、第三方评估和教育督导等进行监督，以推动各项制度之落实并促进高校推进改革。

三要加快立法，依法治教。按照中共十八届三中全会的决定和教育中长期改革发展规划的要求，及时总结改革的经验教训，加快教育立法和相关法律的修订，以法律形式规范大学、政府、市场、社会关系。进一步简政放权，最大限度减少教育项目审批，尽快出台民办教育三十条，促进民办教育发展。

四要强化人大和社会监督。实践已经充分证明，高校改革绝不能只靠政府和学校自己。作为中国的根本政治制度，人民代表大会依法负有教育立法、教育行政主管部门主要人事任命、教育重大事项决定和实施监督等职责。但长期以来，人大在教育改革和管理方面并没有很好地行使职权，这是高教改革难以打破阻力、深入开展的重要因素。人大必须在上述几方面以及诸如大学拨款、章程审定、有关法律法规贯彻执行的检查监督等方面充分发挥作用。特别是教育行政部门和学校本身难以推动的改革，更需要人大的介入和推动。此外还要发展第三方评估，引入社会监督等。

谢维和

清华大学校务委员会副主任

清华大学教育研究院院长

研究领域：教育学原理、教育社会学、高等教育

著有《中国的教育公平与教育发展（1990—2005）》《教育活动的社会学分析：一种教育社会学的研究》《从分配到择业：大学毕业生就业状况的实证研究》《栅栏内外：中国高等师范教育百年省思》《当代青年社会学》《走向明天的基础教育》等

高等教育国际化的新阶段

非常感谢今天有机会和大家分享我的思考。最近在教育界特别是高等教育界有一件很热闹的事，即深改组和国务院提出“两个一流”的建设，建设世界一流的大学和一流的学科。这件事情在高等教育界是一个非常大的喜事，激发了高等教育深化改革的热情，点燃了大家更大的积极性。大家可以看到从去年开始，我们有五个省已经开始推出了地方一流大学和高水平建设的一些方案，省里拿出了几十个亿的投入，来支持省里建设高水平大学。我们高等学校也在摩拳擦掌，跃跃欲试，不断探讨，看看拿多少钱，怎么来支持建设，也在学校“十三五”规划和工作计划中考虑这些问题。

我觉得在这个问题上我们需要很多的思考和创新。中央提出“两个一流”的建设，和过去相比有什么不同？或者我们怎么样能够在一种创新的机制中，包括把“两个一流”的建设看成是一次创新的机遇呢？我觉得至少有两个问题需要我们考虑。第一，一流大学建设的历史阶段性问题。1998年江泽民同志在北京大学100周年校庆的时候就已经提出了要建设一批世界一流大学。或者说从一个更大的历史尺度来考虑问题的话，我们从改革开放初就提出了要向世界开放，向世界学习。今天“两个一流”的建设处在一个什么样的历史阶段呢？这个历史阶段的特点是什么呢？它给我们提出的挑战和新的任务又是什么呢？第二，“两个一流”建设的战略定位的问题。如果说我们在高等教育国际化和建设世界一流大学上已经走了大概有十几年路的话，那么今天“两个一流”的建设，它的战略定位又有一些什么新的特点呢？怎么在这个领域中进行一种新的高等教育的发展创新呢？

我们首先看第一个问题。如果简单地回顾一下我们改革开放这三十年的历程，开放，我们曾经经历了三个阶段。第一个当然是向海外向国际上一些发达的办得比较好的世界一流大学学习的阶段。我们不断向他们学习，派出我们的老师，派出我们的领导，派出我们的学生去学习。这个阶段是很必要的，也取得了很好的成绩。到了90年代，到了21世纪初，这个时候我们也学到了一点本事，自己的实力也在提高，于是这时候我们不仅仅要学习，而且要参与了，参与到国际高等教育的活动中去，去发言，去当编委，包括去做一些项目，甚至我们的教师也到海外去讲学，等等。在这样一些参与中，我们也可以拿到一些名次。这是第二个阶段，今天是不是到了一个新的阶段呢？仅仅参与够不够呢？

我们用一个比喻来说明这个问题。就像我们的体育一样，你看我们的游泳比赛，游泳运动员过去几乎在国际比赛中拿不到什么名次，后来我们向海外学习，派我们的运动员到一些游泳很发达的国家去学习他们的训练方法，掌握一些更好的技巧。果然，我们拿冠军了，在世界游泳锦标赛、奥林匹克等等都拿冠军了。我们参与进去了，可是这种参与进去，大家不觉得还有点什么遗憾吗？为什么呢？尽管我们可以参与进去拿冠军，可是这个游泳比赛的规则是别人制定的。甚至在比赛的项目哪些能够进行正式比赛，哪些进行奥运会比赛，这些规则还是别人制定的。这让我们遗憾。包括像乒乓球我们的国球，其实我们在这些规则的制定上同样也是话语权不多。以至于别人看中国队老赢，就想办法折腾你，一会儿换球的大小，一会儿换球的重量，没有自己的制定权，治理权。所以大家可以看到，包括我们中央，包括总书记现在在很多场合提出，中国要加入到全球治理体系中去。大学呢？我想"两个一流"的建设在今天可能就不仅仅是单纯的学习或者参与，是不是也要为这样一种参与全球治理体系的发展做一些我们的贡献呢？我想这是非常值得我们思考的。在这个过程中，我们需要有创新的，这是第一，这个阶段性。我们已经从一个学习的阶段，参与的阶段，恐怕到了一个参与共同治理的阶段。这是我的一个考虑。

第二个考虑，从定位来看，我们"两个一流"建设和过去"985"又有什么区别呢？如果我们大家再去翻阅一下文献，去看看江泽民同志1998年在北京大学百年校庆时讲话的一些具体内容，在谈到我们要建设一批世界一流大学时，他提出来的定位以及目标，以及财政部、教育部关于"实施985工程"若干意见，我们再来比较一下习近平总书记在深改组上对

“两个一流”建设的讲话，以及国务院关于“两个一流”建设的政策文本的若干提法，我们就会发现什么呢？如果说过去中国高等教育在走向世界的时候，我们可能更多的是要提高我们的国际影响力，在世界排行榜里面有中国大学的名次，有中国大学的声音，今天我们就会发现不仅仅是一种国际影响力了。我们现在面临的是什么呢？是怎么样能够真正地去实现我们中华民族的复兴，是如何具有一种国际的竞争力，一种在参与国际治理、国际发展，包括全球化过程中的国际竞争力。如果没有竞争力，影响力有什么用？这是我们大学或者高等教育在贯彻，在落实“两个一流”这样一个重大战略举措时必须要思考的问题。

这个新的阶段和新的定位对我们提出什么要求，这样一种新阶段和新定位对我们提出了什么样的挑战？我们既要继承过去我们建设世界一流大学好的经验，同时我们必须有新的创新性的思考。我们怎么来回答这个问题呢？我们怎么来面对这个挑战呢？地方这几十亿不断投下去，中央将来也会有一笔资金支持“两个一流”的建设，有些专项资金也变成常规性的，还有以后相关的政策，我们怎么办呢？我们还能够继续用过去那种“交作业”的模式去开展国际交流吗？恐怕不行了。

我们要向别人学习，要跟别人合作，要去进行广泛的参与，但是不能仅仅是交作业。靠什么呢？靠我们自己的优势，靠我们自己的特色。但反过来我们又要问一句了，我们的优势在哪？我们有规划的优势，我承认这是非常好的优势，但是光有这种优势还是不够的。我们的特色在哪里？中国的高等教育究竟有什么自己的特色，值得让别人来向你学习，以至于我们有资格在国际的治理体系中获得我们的发言权呢？不瞒你们说，在我们南方某个地方召开的一次国际高等教育会上，一位非常著名的国际高等教育专家的发言和他的观点是让我们非常沮丧的。并非我们没有自己的特色，问题是我们怎么去发现自己的特色？并非我们没有自己的总结，问题在于我们怎么去总结。这个答案不能单纯在教育体系本身寻找。过去有一位学者叫陶希圣先生，他的一本书讲到中国的教育史和教育的中国史，他说要从中国历史的角度来看中国的教育，如果仅仅从教育来看教育，中国的教育基本是国外东西的翻版。只有从中国历史，从中国实践中才能发现我们的特色，这本身也是一种创新。我希望我们的“两个一流”是在过去建设成果的基础上，通过不断的思想、观念、体制和一系列措施的创新，使我们国家的高等教育真正成为我们国家整体走向全球化和民族复兴进程中重要的支撑力量。谢谢大家！

季卫东

上海交通大学凯原法学院院长、教授

主要研究领域：法社会学、比较法学、亚洲宪法、审判制度、法律职业

高等教育差异化与制度创新

中国教育三十人论坛第二届年会的主题是创新，创新需要什么样的条件？刚才张信刚提到首先要跳出框框思考，需要有思想的自由，表达的自由，这是一个条件。另外一个，科学在探索过程中总是会犯错误的，所以需要社会对错误的宽容。我想这两条对创新来说是至关重要的，用现代中国最伟大的教育家蔡元培先生的话来表述，就是思想自由，兼容并包。如果我们只允许有一种声音，一个模式，创新就无从谈起。在这个意义上来说，在创新时代，首先必须解放思想，必须允许人们探索和失败，必须推动体制、机制的改革，必须用法治的方式保障每个人的基本权利。

从教育的角度来看，主要就是尊重个性，奖励特色和差异。可是我们国家目前教育的状况基本上是一样的模式，形成了千人一面的状况。为什么会形成这样一个局面呢？从教育理念上来看，我们过去基本上侧重于培养国家这部机器上有用的零部件和螺丝钉。从实践上来看，1980 年代以来，中国教育发展非常快，但这个过程主要体现为规模的扩张。规模的扩张就必须节约成本，必须强调统一的标准，以便提高效率、保证质量。在这个过程中，行政化是一个当然的选择，而指标是行政管理最好的抓手。我们可以看到对硬性指标的强调是过去一个非常重要的特征。过分强调指标、标准化，难免会压抑创新的动机。指标是需要的，但是强调过度的时候，就会出现指标的异化。因为各种各样的指标的制订虽然有其理由，但也有些拍脑袋的地方。所有指标都能满足的人要么是凤毛麟角，要么就是只知道追求和钻营形式的“指标人”。我们可以看到在大学的实践中，一些的确很优秀的人才，总有某个地方未必对得上指标。但另一方面，能对上所有指标的人，未必就是真正的创新人才。我想在座的各位了解大学情况的，对这类现象一定耳闻目睹。更有甚者，还有人很善于投机钻营，就像伊索寓言里面那只美丽的乌鸦，想方设法把各种漂亮的羽毛插在自己身上，满足各种指标，但他并非真正的优秀学者，更谈不上创新人才。在这样的背景下，有一些埋头钻研、勇于探索的学者却被边缘化。这是我们现在面临的一个非常大的问题。

另外，为了推动规模扩张型发展，不得不集中资源投到被认为是最重要的方面去。因而对研究项目的管理成为非常重要的一环。在这里，出发点是合理的，但结果却本末倒置，把研究项目作为考核指标，手段转化成为目的。于是出现一种很有意思的情况：很多地方在引进人才或者考虑人才晋升的时候，往往仅仅因为缺少一个科研项目而受阻，不能引进，不能晋升。这是很奇怪的事情。本来研究项目是为了出成果的，他出了足够好的成果，虽然没有项目经费，你怎么能因此卡住他呢？更有甚者，似乎形成了一个怪圈：政府投入经费的研究项目变成了标签，被贴了标签的又可以申请到更多的经费，是否产生真正的创新成果并不重要。由此可见，指标的异化是非常严重的。在这种环境里，大学的所有教师、所有研究者都变得非常忙，每天都在填各种各样的申请表格，做预算，忙报销。结果“申报学”反倒成为重中之重，简直大有压倒研究工作本身之势。这些都是过度指标化、过度行政化之后出现的各种各样的奇怪现象。不改变这种情况，中国教育的创新是无从谈起的。

因此，要让高等教育模式从统一化转向差异化。怎么才能转向差异化模式？简单地说，要给大学办学自主权，要让教育面对市场需求，面对社会的公共需求。从这个意义上来说，我认为推行差异化模式的关键就是大学治理结构的创新，教育制度的创新。教育部2012年颁布了全面推进依法治校的实施纲领，其中谈到了大学章程。大家知道已经有几十所大学有了自己的章程。仔细研读这些章程，我觉得我们对创新的要求，最基本的目标，好像还不是看得特别清楚。因为我们说大学需要章程，最核心的就是两点：第一让大学有法人资格，第二有自主权。归根结底是要通过高等教育适度的市场化，来实现创新的制度环境的改变。

在很多地方似乎以半义务教育的思维模式来办大学，来办专业教育。比如学费的问题。现在我们有很多家长把自己的孩子送到国外去，要交付昂贵的学费，但我们国内的学费始终是受到严格限制的，基本上是在追求义务教育那样的效果。这当然它有好处，可以促进教育机会的平等，但也有一个问题，使得我们质量提高会遭遇瓶颈。这个时候就会形成一个怪圈，我们的家长不断把自己的孩子送到国外去，宁可缴纳昂贵的学费，但我们自己的学校却一直在经济方面缺乏基础，来提供高质量的教育。这样一个怪圈要打破，面对市场这样一个思维变化还是必要的。

另外就是法人治理结构，要适度地导入法人治理结构，让学校真正享有自主权。这个时候会出现一个问题，如何防止机制转换过程中出现脱节，衔接不上？我们目前的治理结构行政色彩很浓，它可以一定程度上保证教育的质量，防止学院、学校负责人滥用权力。当我们强调差异化的时候，会出现一个问题：原有治理机制发生变化，如果没有相应的机制改变，就可能因为差异化导致教学质量的下降，导致管理上的问题。在这个意义上，必然会出现另外一些调整，比如说为了防止权力被滥用，我们需要通过治理结构的改变，来加强内部的监控机制。我们需要加强教授参与学校治理的制度设计，我们也需要通过评价体系的多元化，来保证教育质量。

在这个过程中，高校制度创新我认为主要有五项工作是非常重要的。第一是合理化的经营，在一定程度上采取民营企业治理方式。前些年大学的产业化引起了很大的诟病，但是我们可以看到面对市场，加强合理经营，这个方向是不错的。当然过度追求利润，这种流弊是要注意防止的。还要导入第三方评价，避免行政评价占主导地位这样一个状况。另外还要加强外部参与，比如校务委员会。在大学承担法人责任的情况下，要适当鼓励产、学、研合作，鼓励教育和研究的适当的多角度经营。我们也需要按照能力主义这样一个标准，对人事制度、薪酬制度进行改革。当然在这个过程中也要防止过度的业绩导向，特别是把所有的薪酬待遇与评估结果直接挂钩，这是我们目前一个非常重要的问题。中国研究者固化工资过低，非竞争性经费太少，其实是妨碍创新的一个非常重大的原因。在这个意义上来说，适度的放开是必要的。

这中间涉及一个问题，我们现在强调教育质量的提高，当你对质量提出要求的时候，必然会需要有些评估的指标。我们现在指标过度造成了“指标人”的现象，如何防止这个，是教育改革的一个非常重要的课题。从教育质量评价这个角度来看，它的主体，我觉得应该采取一个多元化的思路。实际上大学、学院管理者、教育家要进行自我监控；第二方就是学生、家长、企业等等对质量的评价；还有第三方，也就是标准的认定机构、独立评价机构、大众传媒等等，这个更多侧重的是市场评价；第四方是作为监督机关的政府部门。我们现在是第四方评价太强了，造成僵化的问题。应该大力加强第三方评价。通过第三方评价，辅之以第一方、第二方评价，使得教育质量保障与差异化之间能够有一个比较好的协调。当然，政府的监督和考核也是需要的。

差异化一个非常重要的方面，就是高校学术自由的气氛。在这个意义上来说，任何人自说自话而不强调普遍性论证，或者盲目价值观的宣传，都不符合高校的学术自由原则。比如文科，国内有一个最大的误区，就是把宣传和学术混为一谈。宣传是必要的，侧重的是统一认识，但学术是另外一个层面的问题，应该允许有充分的自由度。对创新而言，允许试错，允许思想交锋是非常重要的。如果没有思想和学术的自由，高等教育的创新就是一句空话。这是我的结论。谢谢大家！

项贤明

中国人民大学教育学院学术委员会主席

中国民主促进会中央教育委员会副主任

民进北京市委基础教育委员会副主任

从教育改革走向教育创新

我们中国教育三十人论坛的本次年会，提出了一个极具时代精神的问题：创新时代，教育怎么办？

对这个问题，我给出的是一个既简单又复杂的答案：创新时代，教育须从自上而下的改革走向自下而上的创新！唯改革与创新并举，我国的教育方有出路。

为什么教育须从改革走向创新？因为1985年以来三十年的教育改革经验告诉我们，单靠自上而下的改革，无法撼动我们目前这样一种万能而又无能的教育管理体制。说它万能，因为从各种教育实验到小学二年级该不该做家庭作业，它都要管；说它无能，因为在宏观战略和发展规划等本应由它承担的责任面前，它又表现得如此低能。

举个高等教育领域的例子，中国高等教育十多年来发展中的一件大事，就是大学扩招，即所谓高等教育大众化。按道理说，我们这样一个大国，拥有如此规模的高等教育事业，高等教育的大众化发展不能没有一个总体的规划，以便明确不同层次、不同学科、不同类别的学校是否应扩招、扩招多少、如何扩招等，但我们却一直没有见到这样一个规划出现。最后造成的结果，就是大家今天看到的高等人才严重紧缺和严重浪费并存的现状。国家急需的人才我们没有培养，国家不缺的人才我们却培养了一大堆；一方面是用人单位招不到人才，另一方面却是众多大学毕业生找不着工作。

再举一个例子，大学教授具体应该如何教学，这本来应该是连校长、院长都不应该管的事情，但有些很高层次的部门却一定要管，要通过所谓的评估来告诉大学老师，什么才是标准的大学教学。最后造成的结果是我们今天看到的大学教育的中学化，甚至连中学都赶不上。如今中学都在开展教学改革，课堂气氛日益活跃，而那些运用指定教材按照标准进行教学的大学老师，却练就了令人钦佩的心理承受能力，教室里学生睡倒一片，他们在讲台上仍旧可以照讲不误。更神奇的是，这并不影响他们入选各种人才项目，甚至不影响他们成为国家级教学名师，因为自上而下的官方评审往往无法给评审专家足够的时间，来深入了解参评者的所谓成果，更不可能真正关心平时发生在参评者课堂上的实际情况。那些看上去很美的自上而下的教育改革理念，最后都在现实的哈哈镜中扭曲成截然相反的景象。

各位都知道，改革就意味着变化，社会改革就意味着要面对错综复杂、变化万千的社会环境，因而，在一个大变革的时代，我们须记住“船小好掉头”这一古训。然而，我们的教育改革却似乎是中了连环计。面对改革的大潮，我们把战船都绑在一起，恨不能所有的战船皆交由一个人来驾驭。大事小事，都由最高部门说了算，层层下达，级级汇报，成了我们教育系统运行的常态。于是，这个万能而又无能的教育管理体制，就成了我们教育改革的最大拖累。

造成这一窘迫局面的重要症结之一，就是我们只重视自上而下的教育改革，却忽视甚至抑制来自教育第一线的教师、校长和地方教育管理者的自下而上的教育创新。面对这样一个伟大的创新时代，我们教育领域面临的首要任务，就是破除“顶层设计迷信”，把变革的权力交还给人民，顶层底层联动，顶层设计与底层设计并举。我们要重新拾起“群众路线”这个法宝，发动群众，相信群众，依靠群众，开启教育领域“万众创新”的新局面。

我们知道，教育改革往往以某一宏大叙事为背景，具有一定的规模和范围，经历较长的时间；教育创新则以具体情境为背景，规模和范围可大可小，时间可长可短。教育改革的实施具有严密的组织和精密的计划，既定规划优先于具体情境，而教育创新的行动者一般都处于松散的结构中，具体情境优先于事先的计划。教育改革更加具有普遍性，而教育创新的特殊性更加突出。这使得教育创新比教育改革更具有灵活性，更能适应复杂多变的具体情境。教育改革一般是经过政府部门认可或有关权力机构授权而进行的革新。教育创新是教育工作者在实际教育情境中，根据已有的经验和知识，以新的方式来解决问题的过程。在教育创新过程中，政府部门的认可或权力机构授权并不是必要的。教育改革往往具有规范性、确定性、可预见性、政治合法性和风险受保护等特征，而教育创新则经常表现出探索性、不确定性、试验性、社会合法性和有风险成本等特点。这决定了教育创新更加需要保护和鼓励。

教育创新和教育改革之间是一种辩证的关系。教育创新常常作为教育改革的先声，也常常发生于教育改革的具体过程之中；教育改革往往因于教育创新，也可能引起教育创新。教育创新经常为教育改革提供最初的推动力和社会合法性基础，并且保障改革进程在各种具体情境中能更好地得到落实；教育改革对教育创新也会起到引导、规范的作用，并且能够在更大范围内实现对教育创新的扩展。教育创新中往往孕育着教育改革，教育改革中常常包含着教育创新。没有了教育改革，教育创新的意义就会受到局限；失去了教育创新，教育改革也往往难以在具体情境中真正取得成功。唯有重视和鼓励教育创新，教育改革才能获得深厚的社会基础，才能适应复杂多变的具体情境，才能在具体的教育实践中最终达成改革的目标。

关于教育改革和教育创新之间的关系，诸位可以参阅我发表在2007年第12期《高等教育研究》杂志上的《论教育创新与教育改革》一文，我这里不再赘述。我必须在此强调的是，教育改革和教育创新之间的关系是辩证的，没有自上而下的教育改革，教育创新很难对我们的教育形成全局性的重大影响，而缺少了自下而上的教育创新，教育改革也不可能在教育实践层面取得最后的成功。我还要强调的另外一点是，教育创新并不高深，也不神秘。老师和校长们天天在做，我们所要做的就是尊重，鼓励，重视！为了证明这一观点，我在这里讲个故事。我女儿读高中的时候，有一天一回家就兴奋地对我说："爸爸，我们老师今天的课讲得真棒！""怎么个棒法？"我问道。女儿告诉我，老师那天讲《鸿门宴》，开头有一句话，"沛公欲王关中，使子婴为相，珍宝尽有之。"其中的"王"应该念四声，可班里很多学生总是念成二声。老师在黑板上写上这句话，指着"王"让学生跟着一起连念三遍，然后对全班学生说："你们这样一起叫才有威慑力嘛！"引得哄堂大笑，全班同学因为被老师诱导学生学狗叫而一下子全都记住了这个字应该念四声。这难道不是教育创新吗？按照学者们提出的定义，创新的两个重要特征就是新颖性、有价值，我看这位老师的做法完全符合创新的特征。在我们的教育领域，教育创新无处不在，经常发生，只要我们稍加鼓励，甚至只需要少一点抑制，我国教育领域的创新潜力就有可能大量释放出来。

中国的发展需要创新，创新需要具有创新精神、创新意识和创新能力的人才，而这样的人才需要创新的教育。教育要能够培养出创新人才，其自身必须首先走向创新。

在这样一个伟大的创新时代，教育领域呼唤"万众创新"。我们期待着，我们国家教育领域巨大的创新潜力被充分地激发出来；我们强烈地期盼着，尽快出现一个百花齐放、千帆竞发、万马奔腾的教育创新的新局面。从1985年开始算起，三十年了，某些部门的花样已经差不多玩尽了。我弱弱地问一句：能让我们基层的教育工作者们试一试吗？

陈平原

北京大学中文系教授

香港中文大学中国语言及文学讲座教授

教育部“长江学者”特聘教授

国务院学位委员会学科评议组成员

研究领域：现代中国文学、教育及学术

著有《中国小说叙事模式的转变》《千古文人侠客梦》《中国现代学术之建立》《触摸历史与进入五四》《大学何为》《大学有精神》《作为学科的文学史》《左图右史与西学东渐》等

关于“人才养育”的十句话[①]

五年前中共中央、国务院发布了《国家中长期人才发展规划纲要（2010—2020年）》《国家中长期教育改革和发展规划纲要（2010—2020年）》，今年（2015）8月18日中央全面深化改革领导小组第十五次会议又通过了《统筹推进世界一流大学和一流学科建设总体方案》，如此三足鼎立的论述，共同构建中华文明复兴的宏伟大厦。而在我看来，整座大厦的根基在“人才”。这里仅从一个人文学者的立场，用十句话，简要勾勒大学视野里的“人才养育”。

第一，大家都是人才，只是轻重有别。查《国家中长期人才发展规划纲要（2010—2020年）》，其中提及的人才包罗万象——“培养造就一批善于治国理政的领导人才，一批经营管理水平高、市场开拓能力强的优秀企业家，一批世界水平的科学家、科技领军人才、工程师和高水平的哲学社会科学专家、文学家、艺术家、教育家，一大批技艺精湛的高技能人才，一大批社会主义新农村建设带头人，一大批职业化、专业化的高级社

①陈平原因故未到现场，本文为其会后补充提交。

会工作人才，充分发挥高层次人才在经济社会发展和人才队伍建设中的引领作用。”比照此面面俱到的论述，显然，大家都是人才。可听话听声，锣鼓听音，众多计划中，“创新人才推进计划”及“海外高层次人才引进计划”是有实实在在的措施盯着的，那才是高层的真实意图。说白了，第一，注重经济建设急需的各行各业人才；第二，偏向于理工科，兼及金融、管理等社会科学；第三，着重从海外引进，这既是价值判断，也便于管理——你不服气，谁让你不在海外，或者提前回来？

第二，“怀才不遇”是常态。有三句古诗，可用来描述人才的精神状态。极端自信的，有唐代诗人李白的“仰天大笑出门去，我辈岂是蓬蒿人”（《南陵别儿童入京》），“天生我材必有用，千金散尽还复来”（《将进酒》）；牢骚满腹的，有唐代诗人孟浩然的“北阙休上书，南山归敝庐。不才明主弃，多病故人疏”（《岁暮归南山》）；至于打抱不平、呼告天地的，则是清代诗人龚自珍的“九州生气恃风雷，万马齐喑究可哀。我劝天公重抖擞，不拘一格降人才”（《己亥杂诗》）。问题在于，古往今来，读书人多自认为是“人才”，但居上位者并不这么看。

第三，为什么说“人才难得”。据说1974年12月下旬，毛泽东在长沙与前来汇报四届人大筹备工作的周恩来、王洪文多次谈话，其中称赞邓小平“政治思想强”“人才难得”——这话日后在中央为邓小平平反时多次提及。我的解读是：第一，中等人才易得，顶尖人才难求；第二，天降人才，未必就能恰好被你发现；第三，为“我”所用，方才是“真人才”——这里的“我”，可理解为领袖、时代、国家等；第四，再好的人才，若无舞台，就是虎落平阳被犬欺；第五，主政者须尽量出于公心，提供人才挥洒才华的好环境——这里牵涉风气、制度、机遇等，颇为复杂。

第四，如何选拔人才。无论何时何地，统治者（或曰领袖人物）都知道，“治国”是需要“人才”的。难处在于，真正的人才能否以及如何脱颖而出。这里缩小范围，不说阶级及利益造成的偏见，单是学科分野，就导致鉴定人才的标准千差万别。同样讲求创新与贡献，工科最容易鉴别，因有专利发明及成果转化的等级与数字做证；理科次之，不过，名刊论文或院士头衔，说起来还是响当当的；社会科学再后退一步，但能为政府决策提供参考，还是颇受领导重视的；最难堪的是人文学，其贡献与影响力是潜在的，要很长时间才能显现出来。谈论何为难得的人才，引入“学科文化”的视野，明白各学科间趣味及评价标准的巨大差异，才能有的放矢。

第五，人才竞争白热化。21世纪的竞争，说到底是人才的竞争。如此愈演愈烈的竞争关系，渗透到国家与国家、地区与地区、大学与大学、学科与学科之间。某种意义上，政治人才（如公务员）是本地市场，相对比较容易调控；科教人才（如科学家或人文学者）则是全球市场，若有真本事，此地不留人，自有留人处。正因为如此，开不出好价钱的中国西部各大学，在此轮竞争中明显处于劣势。不要说出去抢人才，如何想方设法留住自家原本就比较稀薄的人才，就够所有的校长头痛的了。从长远看，放开管制，有利于知识创新，但如何兼及各地区在教育方面的均衡发展，是个必须直面的难题。

第六，理解不同类型的人才。眼下各大学都使出浑身解数，争抢高端人才；何谓“高端人才”，常见的描述是“领军人物”。可实际上，并非所有学科的顶尖人物都在“领军”。工程技术或某些社会科学，需要大兵团作战，运筹帷幄，指挥若定，那是大本事。可文史哲及宗教、艺术等领域，情况不是这样的，那里的第一流学者往往是“独行侠”，埋头做自己的研究。你非要他率领千军万马齐上阵，不仅做不到，也做不好。以我浅见，人文领域的创新与突破，大都属于这些壁立千仞、特立独行的学者。领着几百上千人做学问，那只能是整理或汇编，满足领导“盛世修大典”的虚荣心。“学术组织者”的能力，与“千里走单骑”的胆识，同样值得尊重。可眼下整个社会的价值判断，越来越向“组织者”倾斜，见面先问行政级别、手下人马以及经费数目，这可不是好现象。比起谈笑风生的社会活动家来，沉默寡言的大学者更难得。校长的责任，首先是发现，其次是鼓励与保护——不管他（她）愿不愿意或能不能“领军”。

第七，人文学的崛起更值得期待。中国人在国际学界的发言权，远低于其在经济、军事或政治领域的影响力。说到中国学术的奋起直追，大家主要关注理工科的进展；其实，更值得关切的是中国的人文学及社会科学。有意识形态做“挡箭牌”，某种程度上掩盖了我们的弱项。我甚至认定，若论与国际学术界的差距，更让人扼腕的是人文学。当然，你可以

“一剑封喉”，说这是政治立场决定的。不过，有一点你不能不承认——中国人文学者的著述，做得最好的，也基本上只在“中国研究”领域被关注；而我们之所以阅读巴赫金、哈贝马斯等人的著述，并不意味着要转行研究俄国或欧洲文化。

第八，质疑“大师饥渴症”。最近这些年，原清华校长梅贻琦关于“大楼”与“大师”的名言广为传播。于是，国人好像突然间得了大师饥渴症，到处寻找，拼命发掘，制造出许多真假难辨的“大师”来。说句不中听的，只有在极端封闭且缺乏自信的年代，才需要如此造神。眼看这把虚火越烧越旺，我不得不反其道而行之，断言大师其实不太重要。我的基本思路是：学术风气好，不是大师，也能做出一流的成果；学术风气不好，自以为的，或被捧成的“大师”，必然迅速陨落（参见陈平原《“学术”谁来“评价”》，《社会科学论坛》2009年第4期）。

第九，“人才”需要“养育”。由于排名的刺激，各大学都在争抢“院士”或“大师”，而且制定了具体的指标。其实，应该追问的，不是这所大学拥有多少院士或大师，而是这些院士或大师的成果是在哪里取得的。同样争人才，你要的是成果还是虚名？照我看，绝大多数校长要的是人家耀眼的头衔，而不是潜在的学术能力及贡献。钱多的话，四处招兵买马，收集头衔，是可以拿出靓丽的教职员表的。可集合众多功成名就者的元老院，缺乏冲锋陷阵的勇气与动力。看虚名而不重实学，中国大学的这一风气，对年轻学者的茁壮成长十分不利。

第十，看好自家人才。以我的观察，懈怠自家人才，迷信“外来的和尚会念经”，是眼下中国大学的通病。校长的职责，是慧眼识英雄于草莽之中，而不是等人家头戴桂冠，你才来争抢。反过来，对于年轻学者来说，若有合适的工作环境，与大学一起成长，是一种很幸福的感觉。请来的“大菩萨”，如果对大学没有认同感，短期内固然可以给你加分，但不及自己培养出来的人才“贴心”。看准好苗子，提供人家急需的阳光雨露，这就要求校长们记得毛泽东的诗句“风物长宜放眼量”。或者，借用梁斌长篇小说《红旗谱》里朱老忠的口头禅“出水才看两腿泥”。引入此古老的民间智慧，或许有助于我们洞察当下中国“人才养育”的战略得失。

2015年12月8日于京西圆明园花园

（初刊2015年12月22日《光明日报》，作者有修改）

项贤明

谢维和

邵鸿

季卫东

回答与讨论

项贤明：

非常荣幸能担任这一单元的主持，刚才我们前三位学者就中国创新教育问题提出了很多非常好的见解。既然权力交给我，我就行使一下权力，我想把这个提问权交给我们在场的听众，有什么问题尽快提出来。

刚才呼吁希望大学有办学自主权，可是有些部门说我们给了你们自主权，哪些事情不该干，我们不干了，但是大学似乎不是那么积极，似乎连接过权力的勇气都没有。谢院长你怎么看这个问题，到底症结在什么地方？

谢维和：

我们还是希望大学有自主权，并没有说给我自主权我不要。

提问：

我想问一下谢院长，清华大学能不能自主招生，不参加国家考试，你敢不敢？

谢维和：

我觉得在一个大学怎么来招生，这里头有很多影响它政策制定的因素。当然作为一个大学来说，完全自己来招生，学校在招生的自主权上是越来越大了，包括自主招生，包括向农村地区的倾斜，包括我们去招收一些有个性，有特长，有潜力，而且在某些方面有他自己独特优势的这样一些学生，可以说这样一些招生的比例在我们整个招生过程中占的比例也越来越大了。你刚才说完全让清华自己来招生，我还没有很好地想过这个问题，需要我再想一想再回答你。作为一个学校，虽然我现在不当副校长了，但是我觉得真正说要来做一件事情，是要慎重考虑的。尤其是招生涉及很多人、很多地方，所以不能简单地随便说可以或者不可以，那样不慎重，不严谨。

提问：

我有一个问题，之前在读书的时候读过蔡元培先生的一些理论，对蔡元培五种教育有一些想法，创新时代，创新的精神是不是同样要建立在道德、世界观和美感教育等等这些方面的基础上来进行？如果是的话，我们这种创新在我们现在的课程和教学里面到底应该如何体现和落实？就我自己个人感受来说，在我读书和教学经历当中，很少真正能体验到这些部分的内容。

邵鸿：

我觉得这个问题是非常好的问题，我已经离开大学多年，你现在要我很全面地回答这样一个问题，可能我力有不及。但是我有一个感触，为什么现在高校里头，我们一方面看起来似乎意识形态教育抓得很紧，但另一方面我们恰恰又看到在基本的道德教育，在公民素质教育，在价值教育，在情怀培养方面我们又显得很薄弱。这两者看起来是矛盾的，但它们内在又有某种统一性。我们的思想政治教育往往绩效很不好，比如我们的思想政治课的教育，我们常常会发现大量的学生在那里睡觉，看小说，玩手机。但是只要你来了，那个教师就像项老师讲的那样，他有很强的承受力，他就可以一直讲下去，不但起不到思想政治的正面作用，反而常常使学生非常反感。我觉得这是很失败的事情。我们从这个现象入手，为什么现在高校在这些方面的教育，道德、情怀和价值教育比较弱呢？我觉得可能有几个原因。第一个就是刚才季老师说的，我们常常把一些思想教育的东西简单化，还有在我们现在这样一个考核机制下，教师实际上很少把精力用在教学上，专业教学相对于他的科研都很薄弱，更不用说他会把精力用在道德、价值教育上。

我记得十几年前的大学，那时候的班主任在学生的管理方面是相当投入的。但现在大学的班主任也好，辅导员也好，真正花了多少力气在这方面的教育上？相反，受很多社会上的影响，很多我们不愿意看到的现象在这些教育者身上都看到了。我觉得这个问题本质上可能还要回到我刚才讲的，我们在体制上还有很多问题需要解决，如果没有从根本上克服这些问题的话，我们要想很好地搞好这方面的教育，可能是有困难的。

提问：

我是来自西安的刘金田，做了5年的公办大学的讲师，做了21年的民办教育。我今天有另外一个身份，就是中国与全球化智库的理事身份。今天我们讨论的一个问题是大学内部治理结构是不是有利于创新人才的培养，刚才邵主席讲到要从计划教育转轨，实际上这是大学教育外部的事情。刚才项教授讲到了，要从突破顶层设计入手，我现在的问题是，当一个大学的校长没有可能按照高等教育法和教育法，拥有办学自主权的时候，怎么样进行我们所谓的创新？我们大学的校长不管公办民办，既没有教育法规定的招生权，也没有人权、财权、专业设置权，也没有毕业证发放权，怎么样进行创新？这是我给您的问题。

项贤明：

您刚才提了很多法、很多权，我们在座正好有法学专家，季教授能够帮助来回答这个问题。

季卫东：

实际上我大概七年前从日本回到了中国，当时推动法学教育的改革，在这个过程中确实碰到很多像你刚才提到的问题。比如说我们感觉到中国目前的教育没有真正意义上的高层次的法制职业教育，没有办法让我们的学生毕业之后参与全球治理竞争和规则竞争。当时我回来之后，法学教育改革搞了“三三制”特班，当时碰到很多体制上的问题。比如学生核心课程占了大量时间，他们的知识结构非常单调，我们希望增加选修课，但是碰到资源的瓶颈，碰到体制上的障碍。我们觉得四年教育再加上两年的硕士，是不足以培养真正的高层次的法学职业人才，我们提出“三三制”模式，又碰到了体制上的障碍。幸好上海交通大学对我们的改革非常支持，一直走到了今天。但是我们感觉到如果不给学校适当的自主权的话，创新是很难进行的。这是我一些不成熟的见解，谢谢！

提问：

项教授发言非常好，你说自上而下已经不行了，失败了，现在要自下而上，内部治理，这毫无疑问。我想借鉴一下美国走过的路，基本上美国大学内部治理是教授治校，如果真的放权给中国的教授们治校，你觉得中国教授是不是有能力？因为大学教授们有三大任务，治校是建立在第三个任务——服务之上，没有大学的服务，是没有治校的。现在教授连教学都不管了，还管什么服务呢？所以我想问你，你有什么办法？

项贤明：

我从来不想这个事，在我看来讲到大学内部治理，可能一个根本的问题，就是刚才季教授提到的，包括前面专家都讲过的：教育部主导下搞了一个在各个大学要自己写自己所谓的大学章程，而我们在大学章程之后要做什么？这是很关键的问题。大学章程不是一纸空文，一定要在这个一级的章程下面建立学校的规章制度，建立规章制度的过程必须是民主的过程，大家参与的过程。我想只要这个制度慢慢建立起来，中国的教授是可以管好自己大学的。我们人民大学有一位教授到中国农村去，我们现在知道中国实行基层民主，我们的教授到农村，把西方人的意识规则拿来，把它简化，教给我们农民，教他们怎么来讨论这个村公共的事情。我们以为农民素质低，应该没有能力来完成这样一个民主的过程。完全错了，实际的效果证明，他们能做得非常好。我想一个农民能做到的事情，相信我们中国教授的水平不会低到哪去。谢谢！

我们时间很紧，非常感谢我们三位发言人，也感谢各位的支持。谢谢大家！

中小学如何为创新精神与创新能力培养奠定基础?

周国平

中国社会科学院哲学研究所研究员

互联网时代更应该坚持“教育即生长”

其实我是外行，从来没做过教育工作，但是教育即生长这样一个理念是哲学家提出来的，做了最具体阐释的是杜威。哲学家关于教育问题的专著，就我的阅读范围来说，我读过洛克的、卢梭的、康德的、尼采的、杜威的和怀特海的，这些哲学家很不一样，他们的哲学体系也很不一样，但是在教育即生长这一点上他们高度地一致。

教育即生长这个理念实际上是立足于对人性的理解，有这么一个假设：作为人类的一个个体，每个人来到这个世界上的时候，就已经具有潜在的人所共有的精神禀赋、精神能力。那么，教育就是要让这些禀赋、这些能力得到很好的生长。具体地说，智力教育就是要让人的这种认知能力、这种独立思考能力得到很好的生长，拥有一个自由的头脑，重点不是在知识的灌输。美育也就是情感教育，就是要让人的感受能力、情感体验能力得到良好的生长，拥有一个丰富的心灵，重点也不是那些技艺的培训。德育实际上是要让人的实践能力、道德自律的能力得到良好的生长，拥有一个高贵的灵魂，重点也不是那些规范的强制。

大概是这么一个思想，我想结合互联网时代的一些特点，来谈两点看法。我觉得现在互联网是我们这个时代发生的最重要的事情，它极大地改变了人们的生活方式。这种改变是很全面的，包括交往的方式、消费的方式、学习的方式，实际上也改变了我们教育的大环境。在这样一种情况下，教育即生长这样一个理念不是过时了，而是更加重要。

我想谈两个问题，这两个问题是我感觉比较突出的。第一个问题涉及智力的生长，第二个问题涉及心灵的生长。

第一个我想谈创新能力和智力生长。互联网显著的特点是知识更新极其迅速，创新因此成为一种非常重要的能力，成为最重要的生产力之一。我们要问一下，创新能力到底是一种什么样的能力呢？其实世界上并不存在一种孤立的创新能力，你不可能开一门创新的课程，来专门培养这个能力。所谓的创新能力，无非是一个人的整体智力素质的体现，其中包括很多因素，比如说好奇心、想象力、独立思考的能力——也就是对既有的理论质疑的能力、对事物追根究底的能力，还有综合思考的能力——也就是融会贯通的能力，还有跨界思考的能力——也就是触类旁通的能力。所有这些能力其实在我们现在的应试体制里面是不受重视的，甚至是受到压制的。我觉得创新的需要已经形成了一种倒逼之势，迫切需要改变应试体制。

从智力生长的角度看，互联网时代的环境有利也有弊。互联网最大的好处，对智力生长最大的好处，是信息资源共享。一个善于自学的人，可以很便捷地获取自己感兴趣的学科的基本信息和最新动态。随着互联网+

教育的兴起，各种公开课的开设，人们可以自主选择适合自己的教师和课程。现在网络上有含金量的教育公众号、自媒体平台，也提供了多元化的选择，在网络上形成很多自学者的团体。不妨说，互联网时代是自学者的天堂。

可惜的是事情还有另一面，对于缺乏自制力和学习能力的人来说，互联网是地狱，不过是充满诱惑力的地狱。我们看到互联网给少数心智活泼的青年提供了创业和成功的机会，与此同时，一将功成万骨枯，网瘾又使大量青少年成为虚拟世界的奴隶，丧失了真实生活的能力，不要说成功，以后谋生都困难。

由此可以得出一个看法：在互联网时代，有自学能力的人会胜出，没有自学能力的人会落败，甚至会被淘汰。我一直认为，一切教育本质上都是自我教育，一切学习本质上都是自学。历来只会考试的人，走出学校以后不一定有真本事，相反那些有大成就的人，在学校里面往往不是学霸，但一定是善于自学的人。这样一个规律，我相信在互联网时代会体现得更加鲜明。

那么，是不是可以不要学校教育呢？当然不是。恰恰是要求学校教育改变应试的总体格局，回归智育的本义。智育的目标是智力的良好生长，智力怎么算生长得好呢？我认为有一个可靠的征兆，就是善于自学。一个学生在学校里面具备了快乐学习和自主学习的能力，他的智力品质一定是好的。如果我们的学校把立足点从让学生被动地应付功课和考试转移到增强自学能力上来，培养出尽可能多的合格的自学者，我们的教育就成功了。这就意味着在课程设置、教材编写、教学方式、评价体系、师生关系等方面必须有一系列的改变。比如在课程设置上，一方面要差别化，让学生有较大的选课自由，另一方面要少而精，给学生留出自学的时间。在评价体系上，不再以考分论英雄，而是让智力真正优异、善于自学的学生在学校里面就成为英雄；孩子们都是看重荣誉的，价值导向往往起决定性的作用。按照这个方向来规划教育的话，那些智力品质好的学生在互联网时代可以如鱼得水，资质一般的学生成为网络牺牲品的也一定会少得多。

第二个问题，我讲一下阅读经典与心灵生长。从心灵生长的角度来看，互联网也是有利也有弊。现在有些人处在永远在线的状态，我要提醒一点：人类创造了互联网，但上帝也有它的互联网，我们不能只上人类的互联网，不再上上帝的互联网，把上帝向人类传递的最重要信息给屏蔽掉了。我说的上帝互联网是一个比喻，我指的是两个东西：一个是大自然，另外一个是人类的心灵世界。这两个东西不能分割，自古以来，大自然孕育着人类的心灵，人类的心灵也感悟着大自然，如此形成了一个充满意义的超级互联网。中国古代哲学把这个互联网称作天人合一，或者是天人相通。由于这个超级互联网的存在，人类才有了哲学、宗教、文学等等，才有了悠久而常新的精神生活的传统。

人类历史上不断诞生一些伟大的心灵，他们善于感应自然，体悟心性，接收上帝的信息，并且通过自己的作品传达所接收到的信息，他们被称为经典作家。经典作家是上帝互联网上的网络高手，读他们的作品，可以使我们对上帝的信息形成一个概念，并且自己也学会接收上帝的信息。其实每个经典作家都用自己的作品建立了一个自媒体，你只要愿意就可以加关注，成为他们的粉丝。你不必也不可能都加，但是如果一个也没加，只是追随着凡俗世界里的“大V”，你的精神境界就堪忧。经典作家理应成为拥有最多粉丝的超级“大V”，如果他们普遍受冷落，这个时代的精神境界就堪忧。

互联网的好处是信息资源共享，要享受这个好处，一个人必须知道自己要什么。现在的普遍情况是人们上网只是被动地接收信息，这些信息常常与自己的生活和心灵生长毫无关系，结果只是把自己变成了海量信息的一个通道。这正说明在互联网时代，特别重要的是给自己的心灵生长打下一个好的底子，而阅读经典就是打底子最好的办法。通过阅读经典，一方面给自己的人生确定一个明确的精神目标，知道自己要什么，另一方面品尝到了真正的精神佳肴，精神味觉会变得敏锐而精致，从而具备良好的鉴别能力，知道自己不要什么。有了这两条，一个人就可以对互联网用其利而不受其害了。总之，一个人只有经常上上帝的互联网，才不会在人类互联网信息的汪洋大海中迷失方向。我一直主张中学应该开哲学人文经典著作选读课，借此为少年人的精神生长打好底子。在座有很多校长，我希望你们能够在自己的学校做一个试点，如果这样做的话，我报名做一个志愿者。谢谢！

李希贵

北京市十一学校校长

国家督学

中国教育学会副会长

研究领域：新学校行动研究

著有《为了自由呼吸的教育》《学校转型》《面向个体的教育》等

从单位到社区

各位上午好！最近我在读一本书，叫《重新定义管理》。里面有一个观点，他说研究显示，城市规模每扩大一倍，人均创新力或生产力提升15%。然而，企业员工的创新力或生产力却随着企业规模的扩大而降低。我在学校特别深切地感受到，一个企业、一所学校往往是控制型的，作为一个组织，它是由一个一个层级构成的。而一个城市往往是由一个个社区组成的，每个人或者每个家庭都是一个自我组织。

英国的管理学家汉迪有一句话，他说一个公司应当就是一个社区，一个人人都属于其一分子的团体，就像一个村子一样。村子不属于任何人，你只要是村子里的人，你就拥有权利；员工也不是员工，而是社区公民，他们也有自己的权利，其中也包括了分享自己所创造的利润的权利。

梳理一下十一学校最近这些年在学校治理领域的工作，其实我们只做了一件事，就是努力把一所学校这样一个控制型的科层的组织，变成一个有相对自主管理权利的个体和小组织组成的社区。

第一，去中心化，构建联盟关系

马里兰大学前任校长莫特博士有一句调侃的话，他说，当校长好比当墓地管理员，下边虽然有很多人，可是没人听你的。我曾经在马里兰大学待过，那个时期也是马里兰大学最好的时期，一个校长要做到这一点很不容易。特别是要把自己不当一个学校的中心人物，更不容易。因为一个组织本能的天性就是控制。组织内为什么要分层呢？因为要分工。但是我们分工了之后却没有分权，上管天，下管地，中间还要管空气，就成为校长的一个重要责任。即使分工之后，也没有分权，我们特别喜欢与下属签责任状，但是签完了责任状，却忘了给他配给相应的权力。

在十一学校我们怎么去厘清权力的边界？学校的权力，年级的权力，学科的权力和教师的权力边界在哪里？我举一个例子，像教育教学上，校长在教育教学上的权力边界在哪里？在十一学校，校长只能够确定学校的课程方案，明确教育教学的价值观，确定评价方案。他的负面清单，他不允许干的是什么呢？不得拿出一种教学模式或者借鉴一种教学方法，在学科、在老师、在课堂里去强行推行，这是在学校章程里明确规定的，校长不具有的权力。在财务方面，校长的权力是什么呢？是领导各个年级、各个部门、各个组织，来编制预算，并且批准预算，然后监督预算。每年我们会请社会上的会计师事务所来审计两次，这是校长的权力。但是预算编制完了，12 月份一传到网上，明年怎么执行预算，各个部门、各个年级、各个岗位的老师自己签字，就可以报销，校长无需批准。

到学术领域也是这样，一个学科有学科主任，有年级的教研组长，有课程首席教师，他们之间也要厘清权力边界。不要小看一个学术圈子，他们之间如果厘不清，也是无法有效开展工作，更无法创新。在厘清权力边界这里面，一个要害是什么？就是预算的分解，一定要把预算分下去，叫每个课程知道明年在课程建设上到底要做什么，叫每个学科都清楚我明年到底要花多少钱，把校长的预算、学校的预算变成每一个部门、每一个岗位的预算。再一个，他必须有权力组建他的团队，双向选择。

第二，扁平化，让供需有效连接

一般的单位里，中层的组织、干部太多，扁平化就是要去中层化。我们把所有的中层部门变成职能部门，不再是管理部门，没有权力召开教师会议；所有的副校长不再分管任何一个领域，因为他分管任何一个领域，他就会重视这个领域，而不一定重视学生，而且他没完没了要开老师的会，所以，我们的副校长都兼任年级主任。这样学校层面的会议就很少了，而且老师可以自愿参加。

在我们选课过程中，我们没有了行政部门，也没有了班主任，于是我们就给学生每个人配了一个导师，在实践当中我们发现这样还不够扁平化。教育也必须扁平化，师生的交往也必须扁平化，一旦固定一位导师，这个学生有什么事都得找这个导师来解决，来请教。

有些学生其实非常清楚，人生规划、职业规划，袁老师比较好；学习方法指导方面，朱老师比较好；心理问题找邵老师比较好。但是碍于他的导师是李老师，他不好意思去找别的老师，而且老师也觉得我去辅导人家的学生不合适，这样就对师生交往构成隔离层，所以，现在我们不再固定导师。

这位高二的学生，就化学这个学科，有机化学他找朱老师，物理化学他找刘老师，化学竞赛他找郑老师。

包括教学关系，很多老师进行探索，教室分区，学生自主选择学习区域。把相应的黑板、白板、绿板、屏幕配到相应的区域，教学资源对学生扁平化。

有了Wi-Fi之后，我们学生带手机，带电脑进教室，实现了学生与应用程序之间的扁平化。

这是我们刚刚进入高一的一位学生，他是一个理科学霸，但他的语文写作特别弱。我们语文老师偶然发现了北京另外一个学校，今年在高考当中有一个学生语文考得特别好，跟我们这位学生的名字完全一样，他的语文老师就千方百计找到了这个学校教那位学生的老师，要了那位学生在高中时候写的五篇作文，给我们这位学生学习。结果这个学生激动得不得了，一下子激发了学习语文的积极性。老师没教他具体知识，老师只是给他建立了连接。

过去，我们把老师比喻为春蚕、铺路石、蜡烛，都有道理，但今天我们还要当蜘蛛，帮助学生建立连接。

我们学校里每天中午有一个校级干部和相约的学生共进午餐，我是星期一。这个共进午餐，表面上是一个放松性的沟通，其实最终是为了建立连接。我曾经做过一个统计，给我发短信，给我提要求，给我建立更多联系的往往是跟我一块儿共进午餐的学生。每年有300多位学生跟我共进午餐。这种连接，在扁平化的时代就会产生真正的影响力。现在，我把我办公室的藏书向学生开放借阅，不仅仅是为了借书，更是为了建立和学生扁平化的连接。我打算把我家里的藏书也借给学生，叫学生到我家里去借书，你对学生的教育影响力就大不一样了。

有人说，爱不是动词，不是名词，而是一个连词。

第三，完善治理结构，有所不为

这是今年学校评定教师职称的一个公示，公示的落款是学术委员会。我和全校的老师是同一时间在网上看到了学术委员会的公示，因为学校评定职称，推荐骨干和学代，学校科研经费的招投标，名师工作室的设立、管理和撤销，最终的决定权就是学术委员会，这是学校章程规定的，而且校长无权更改他们的最终结果。

这是十一学校教代会对每一个事关学校重大方针政策的文件的无记名投票的结果，而且是当场公布的投票结果。我们教代会每年开两个月时间，这样就确保了学校的安全性。

这是马上要进行的高三学生的成人礼，所有的策划案都是来自于学生。学代会有他们自己的权力，而且拥有越来越广阔的自主空间、精神领域。

我说这些是什么意思呢？就是一个学校校长不要把自己太当回事，你没有那么多能力，在很多领域你真的应该把权力交出去，而且，那些权力和责任本来就是他们的，那样一来，他们也会和你一块儿分担责任。

十一学校的治理主体有六个：教代会、校务会、党组织、学术委员会、学代会和家长委员会。在学校章程中明确规定了他们的权力，他们也有权力边界，他们最终决定的权力也是装在笼子里，也是有人可以质疑的。

第四，不奢望统一思想，致力统一目标

如果我们把所有人的思想统一起来，我们怎么能够创新？这些年来十一学校考察的朋友比较多，他们基本都问我一个问题：你们这么大的改革，你是怎么给老师洗脑的？我一听就害怕，第一，你怎么能这样侵犯人格？第二，你能够做到给别人洗脑吗？第三，你真的洗了脑之后，你不是孤立无援了吗？所以不要去统一思想，但是我们要统一目标。

最后，我想以这个模型（展示模型）作为报告的结束。在学校里我们应该管什么？不管什么？我想有三个东西必须是学校致力去做的：学校的治理结构、多元的课程和有着多层次需求的教师。但是有些是学校层面不

能做的，必须叫它自由生长。哪些东西能生长呢？就是个性化的成长生态、个性化的学习支持系统和教师在课堂上的创新。当我们放弃那些领地，把这三个顶点做实的时候，另外的地方就会大量产生创新。在这里面他有一个互动的过程，互动的中心就是学生。正是因为学生带动了周边这些要素，才不断地产生创新。谢谢大家！

李镇西

成都市武侯实验中学原校长

中国陶行知研究会常务理事

成都市教育学会副会长

教育：请给人以心灵的自由

谢谢各位的掌声！

刚刚李希贵讲完，接着他来讲，我压力好大。这个月的《人民教育》要刊发我的一篇文章，是一篇关于李希贵的长文，昨天我在我的微信上也发了，题目叫作《我和李希贵：不得不说的故事》。

文章结尾是这样说的："在大谈'教育家向我们走来'的今天，我对用'教育家'这三个字来评价当代基础教育的教育人，一直比较谨慎。但是若干年后回看今天，如果一定要说有'教育家'，李希贵也许算是一个。"

李希贵刚才的话题是从学校管理层面来讲的，我现在想讲一个微观的话题，题目是《教育：请给人以心灵的自由》。

我最初报的题目是《教育：请给学生以心灵的自由》，后来我发现，仅仅是学生有心灵的自由还不够，还应该加上教师。这里的"人"也包括教师。

我先从今年上半年很火的一部电视剧《平凡的世界》说起。为什么要先讲这部电视剧呢？因为，这部电视剧的曲作者和音乐总监叫胡小鸥，他是一位很有成就的青年作曲家，他也是我的一个学生。2008年有一段时间，成都各家大报纸都在报道一个叫胡小鸥的作曲家获得了一个国际作曲大奖，他是迄今为止第一个获得这个奖项的中国作曲家。有天晚上，胡晓鸥的父亲给我打电话，说："李老师，感谢您对小鸥的培养，他得了一个大奖。"我说，这和我没关系，我又没教他作曲，因为我根本就不会作曲。他父亲又说："您教会了他做人，胡小鸥还一直记着您，至今还保留着高中时代的作文呢！"我开玩笑说，那我就等着他获诺贝尔文学奖吧！其实我心里还是很感动的，因为我当时并不是胡小鸥的班主任，只是教他语文，但他居然还保留着我给他批改过的作文。

我一直认为，天才不是学校培养的。胡小鸥哪是我培养的呢？今年4月，他回到成都，来到我的学校给我们学生做演讲。胡小鸥是一个很朴实、很善良的作曲家。他在演讲中对学生们说，他中学的时候成绩中等，永远徘徊在二三十名。他从小喜欢弹钢琴，但弹的时候一些曲子太枯燥了，他就想："为什么不自己弹呢？"于是他就乱弹，发现乱弹很好听，就把它记下来。他用自己能读懂的符号记下来，这就是他最早的作曲，最早的作品，这张纸条他至今保留着。后来，因为他成绩不是特别好，但酷爱音乐，学校就破格同意他不上课，在家里学音乐，准备考川音。后来，他果然以第一名的成绩考到川音。再后来，就到美国深造，拿到了音乐博士。

他来看我的时候，说起了我当年给他批改过的作文《悲鸿不悲，德华缺德》:“我现在都还记得这道作文题的由来。当时徐悲鸿的画展在成都举行,门前冷落;与此同时,刘德华的演唱会却火爆轰动。可是,刘德华演完后偷税漏税一百五十万。李老师便给我们讲,徐悲鸿的作品终究会作为中国文化的精品流传下去,载入史册,而刘德华缺乏社会责任感,实在缺德!”他说,现在某些歌星获得的太多,而对社会的付出与回报则太少太少,他对这些明星很是看不起。我感到了胡小鸥作为艺术家的社会良知。

我今天先说胡小鸥,是想说明:天才级的学生不是学校培养出来的,但是教育可以给他一片土壤,包括空气、水分、阳光,包括他们需要的自由发展的空间。如果不是学校当时同意胡小鸥不上课,自己做自己喜欢的事,很难说胡小鸥会成为后来的作曲家。还有,任何天才的孩子必须具备良好的人格,其“天才”才有意义。

我今天想讲四点:第一,创新首先是思想的创新;第二,教师应该是精神自由的人;第三,给学生以舒展的心灵;第四,给学生以健全的人格。我演讲的时间有限,我讲到哪算哪,时间一到我就下来。

第一,创新首先是思想的创新

这应该是一个常识,但现在人们一说到创新,往往就只是技术创新。具体到教育上,更多的是技巧创新,比如“一题多解”,比如作文的“构思新颖”,比如出人意料的开头、别具新意的结尾,或者是小发明、小制作等等。技术（包括技巧）的创新当然是需要的，但比技术创新更重要的，是思想创新。

众所周知，一部人类史实际就是一部思想创新史。

比如，我们纵观整个马克思主义的发展史，它恰恰是一部思想创新史。马克思认为社会主义革命不能首先在一国成功。列宁则提出了社会主义革命只能首先在一国成功，并实践证明了这一点。毛泽东对列宁主义的发展是，提出革命可以通过农村包围城市的方式取得成功。邓小平的贡献却又在于，社会主义可以搞市场经济……我们看，这不都是思想创新吗？正是因为邓小平的思想创新，给社会主义事业注入了活力，而凡是没有思想创新的社会主义国家，最后都走入了死胡同——比如，固守僵化的“斯大林模式”，结果导致了东欧剧变和苏联解体。再看1978年中国的真理标准问题大讨论，也是一次思想创新。我们无法说它产生了多少吨钢或者多少“当量”，但它却开启了中国改革开放的伟大时代。

因此，从人类历史长河看，思想创新显然比技术创新更重要，因为它是宏观的，是推动整个社会发展的。

以上说的是巨人的思想创新。如果我们承认思想创新的巨大意义，那么，我们不妨再继续追问：思想创新的权利只是少数巨人独有呢，还是每一个普通人都应该享有的？

从理论上讲，思想创新的权利当然是人人拥有，谁也不应该垄断思想创新的权利。但是，在两千多年的封建统治中，“思想”是统治者的专利。即使新中国成立后，由于封建残余的惯性和极“左”路线的肆虐，在很长的一段时间里，一般老百姓是没有思考的权利的，更别说思想创新的权利了。特别是到了“文革”时代，所有独立思考的人，结局都很悲惨。不过，今天不一样了，这是一个鼓励创新的时代，但这里的“创新”首先应该是思想的创新。

第二，教师应该是精神自由的人

培养具有思想创新能力的人，首先要有具有思想创新的教师。可现实状况是，不要说“思想创新”，相当一部分教师没有自己的思想，也不愿意去思考，更谈不上思想创新。这当然不能完全怪教育者，我们首先要呼唤各级领导，呼唤我们的社会，要给教师以心灵的自由，要还教育者——包括校长和教师——思想创新的权利!

注意，我这里说的是“还”而不是“给”！因为，思想创新的权利是每一个人本来就拥有的。这里的“思想创新的权利”就包括“胡思乱想”的权利，要允许每一个校长和教师有“和别人不一样”的想法，这是思想创新的最基本条件。

真正的教师同时又是真正的知识分子。知识分子以思考体现自己的存在，以思想展示自己的尊严。教师当然也应该具备现代知识分子所拥有的天然使命感和批判精神。对学生进行创新教育的前提是，教师本人要有思想创新的意识、能力和胆略。其中最关键的是要有独立思考的勇气。如果习惯于在权威面前关闭自己思考的大脑，就谈不上任何创新。

像李希贵校长，他本身富有思想创新的精神，他也拥有了相对比较宽松的心灵自由的环境。关键是，他和他的老师都是有“想法”的人。所以，十一学校的改革创新取得了成功。李希贵的成功，首先是思想创新的成功，是“与众不同”的成功。不过，对教育创新的成果，有的人还是有一些惯性思维，觉得必须能够“复制”“推广”，有所谓的“创新成果”才有价值。

还是以十一学校为例。我听到一些人反对十一学校的改革，理由之一是说“他那个学校不能复制”。为什么一定要复制呢？创新的意义在于多元，难道不能“复制”这创新就没有意义了吗？

成都有个私立学校，其办学的理念非常前卫，给学生以尽可能多的自由，有点类似于英国的夏山学校。今年年初，我和杨东平老师去看了一下，很是赞赏。我便在网上发了一条微信，介绍这所独特的学校。结果很多人不以为然地说：“这种学校没有推广的价值。”

为什么要有推广价值呢？难道中国教育要回到“农业学大寨”时代吗？各具特色的学校不断涌现，其意义是在于为国民提供多元的选择，而不在于“推广”！动辄就想到“推广”“复制”，想到“统一”“规范”，这就是思想的禁锢。如此潜移默化的思想禁锢，只是他们自己不知道而已。这样，是谈不上“创新”的。

我特别喜欢给孩子们拍照。我们武侯实验中学教学楼墙上的巨幅照片，就是我给上体育课的孩子们抓拍的，孩子们奔跑的身姿极富青春活力。我为这幅照片配了几句话：“像风一样迅猛，像火一样热烈，像鹿一样敏捷，像鹰一样飞翔……青春的翅膀，拍打着天空；成长的足音，震撼着大地。告诉未来我能行，告诉世界我来了！向着太阳，激情出发！”

这幅照片对面的墙上，是我们老师的照片，也是我抓拍的，每个老师都在灿烂地笑着，充满生命的活力。我也为这幅照片写了几句话：“芬芳的笑容，是精神绽放的花朵；美丽了校园，灿烂了童心。明媚的笑声，是灵魂散发的阳光，照亮了理想，辉煌了人生。”

两幅照片，交相辉映，遥相呼应。但我更强调的是，教师对孩子的感染与影响。说“明媚的笑声，是灵魂散发的阳光”，那请问老师有没有“灵魂的阳光”？如果老师没有“灵魂的阳光”，你用什么去照亮学生的精神世界？必须要有教师的思想自由，才会有学生的心灵飞翔。教师对孩子精神的影响，就是用思想照亮思想，用个性发展个性，用激情点燃激情，用梦想唤醒梦想，用创造激发创造，用智慧开启智慧，用民主培育民主，用人格铸造人格……

只会做题的老师，教只会做题的学生，这个民族就没有希望了。

第三，给学生以舒展的心灵

我想和大家一起重温陶行知当年的话：“在现状下，尤须进行六大解放，把学习的基本自由还给学生：一、解放他的头脑，使他能想；二、解放他的双手，使他能干；三、解放他的眼睛，使他能看；四，解放他的嘴，使他能谈；五、解放他的空间，使他能到大自然大社会去取得更丰富的学问；六、解放他的时间，不把他的功课表填满，不逼迫他赶考，不和家长联合起来在功课上夹攻，要给他一些空闲时间消化所学，并且学一点他自己渴望要学的学问，干一点他自己高兴干的事情……只有校长教师学生工友团结起来共同努力，才能造成一个民主的学校。”

这是陶行知的原话，这些话在今天听起来都还很前卫。为什么几十年过去了，我们还没有做到这“六大解放”？我们还必须强调这“六大解放”？可见我们的教育没有走多远，我们的教育改革还在陶行知当年的起点上，我们的教育还没有使一个学生得以解放。

“六大解放”中最关键的是第一条“解放他的头脑”，即我今天说的“让学生拥有心灵的自由”，让学生能想也敢想。比如语文课的阅读教学中，与其煞费苦心地“引导”学生找这个“关键词”，寻那个“关键句”，不如让学生畅抒己见，宁肯让阅读课成为学生精神交流的论坛，也不要让它成为教师传授阅读心得的讲座。又如作文教学，与其仅仅“训练”学生如何在“怎样写”上下功夫，不如放开让学生在“写什么”上多动脑筋。

衡量一堂语文课是否成功的标志，不在于学生与教师有多少“一致”，而是看学生与教师、学生与学生之间有多少“不一致”。从某种意义上说，宽容学生的“异端”，就是对学生创造精神和创新权利的尊重。

第四，给学生以健全的人格

创新也好，创造也罢，还是要有健全的人格。我们说“给人以心灵的自由”，是在一定前提下讲的，绝对不是无法无天。这个“前提”就是健全的人格。是的，知识就是力量，但良知才是方向。天才不可培养，但人格可以铸造。

我们来读读一封信。2007年新学期开学之际，全法国的85万名教师同时接到了这样一封信，写信者称，自己满怀信念和激情，要与教师谈谈儿童及其教育。这是一个法国人写的，他不是搞教育的，但是他对教育感兴趣，也有所思考，他想和教育者们分享他对教育的思考。

信中有这样的话：“教育就是试图调和两种相反的运动，一是帮助每个儿童找到自己的路，一是促进每个儿童走上人们所相信的真、善、美之路。”这话什么意思呢？我的理解就是，教育有两个方向相反的运动，一是尊重个性，因为每个孩子都有属于自己的独特的成长之路，教育就是要帮孩子找到这条独特的路，因材施教，不能搞一刀切；二是培养共性，无论这个孩子多么“独特”，他总是人类的一分子，人类所有的文明遗产、文化成果，比如真、善、美，他都应该拥有并传承下去。尊重个性与培养共性，不可偏废，不可走极端。教育就是要在这二者之间找到平衡点。

教育的目的是什么？应当使儿童成为什么样的人？在写信者看来，儿童应当成为“自由的人、渴望知晓美好事物与伟大事物的人、心地善良的人、充满爱心的人、独立思考的人、宽容他人的人，同时又是能够谋到职业并以其劳动为生的人”。说得多好！

这位写信者是谁呢？法国前总统萨科齐。当时，他是在任总统。当然，作为西方的政治家，萨科齐和我们有很多不同，但人类对教育的理解总有共通之处。我们就事论事，就话论话，这段关于教育的理解，是人类共同的认识。

萨科齐这封信的主题是“重建学校”。什么是教育，或者说教育的使命是什么？他写道：“培育对真、善、美、伟大与深刻事物的欣赏，对假、恶、丑、渺小与平庸事物的厌恶，这便是教育者为儿童所承担的工作，这便是对儿童最好的爱，这便是对儿童的尊重。”这就是教育！在这个前提下，所有的“创新”对人类才有意义。

我前不久写了一篇文章，说的是我曾工作过的一个学校，有一个当初花钱买来的尖子生考上了清华，班主任老师请他回校给高三学生讲讲学习方法，他问学校：“多少钱？”班主任老师说，你考上清华不应该感谢学校吗？他说：“考上清华跟学校有什么关系？”

这个学生学习能力不可谓不强，其智商不可谓不高，但是他就是钱理群教授所说的那种“绝对的精致的利己主义”。他能力再强，其人生的走向，很可能要么是林森浩，要么是芮成钢，要么是周永康!

我们所期待的创新人才究竟应该是怎样的？这里，我引用朱永新老师在今年新教育年会上的话：“新教育的彼岸是什么？我们的答案是：那应该是一群又一群长大的孩子，在他们身上我们清晰地看到，政治是有理想的，财富是有汗水的，科学是有人性的，享乐是有道德的。”

中国所有师生的人格健全、心灵自由与思想创新，这是让社会主义现代化中国真正跻身世界强盛民族之林的前提所在。

刘铁芳

湖南师范大学教育科学学院教授、副院长

全国教育基本理论专业委员会委员

中宣部“马工程”德育原理教材编写专家

爱与丰富：重新认识基础教育的两个基本维度

大家上午好！刚才张信刚先生提出了一个非常有意思的主题，“无心插柳柳成荫”。我的主题叫作“有心插柳柳成荫”。创造力的培养，也许我们找不到一个确定的模式，但我想它一定有我们可以认同，我们可以琢磨，我们可以落实在日常生活中的基础的品质。我们提出最重要的两个品质就是爱和丰富。

先请大家看一个小故事，这是我跟我7岁半的女儿有一次在傍晚时候一个很亲近的对话：我女儿写话还不错，我说：“你今后写文章肯定会比爸爸写得好。”我女儿马上说：“我今后不想写文章，我想当设计师。”我说：“做设计师很好。”女儿问我：“设计师做什么呢？”我说：“设计衣服，除了设计衣服，还可以设计鞋子、帽子，设计房间一些装饰，还可以设计屋子，还可以设计城市。”各位，你知道我女儿怎么回答的？女儿马上接话：“只有人是不能设计的。”听到这个话，作为父亲的我心里真的非常温暖。

女儿创造力的显现确实是非预期的，但是它有发生的基础。这种基础是什么呢？无非是我和女儿很亲近的关系。在和女儿亲近的交流之中，我没有让孩子固定在她日常的思维空间，而是从日常生活出发，一点一点引导她的思维扩展，让她处于积极的思维情境之中。

我从中发现，个体创造力涌现的两个基础性素质，一个就是爱，即在交往情境中洋溢着的父女之爱。第二个就是丰富，仅有爱是不够的，在爱中要开启个体心灵世界的丰富性。父女从孩子切近的生活主题逐步延展开来，促成女儿思维空间的拓展。如果说爱成就积极的交往情境，激发生命的活力，孕育生命的温度，丰富性就是要显现开阔的思维空间，敞亮儿童的理智视野。

爱发生在人与人的真实交往之间，爱一定需要人的真实回报。爱的具体表达形式是关注与期待，尊重与理解，支持与促进，包括前面两位李校长他们的日常教育实践都能较好地体现这个主题，由此形成人与人的紧密关联。所谓成长，就是活在他人之间，就是活在人与人的关联之中。爱的教育不仅直接孕育个体的爱与积极乐观的生命情态，同时也在个体积极的生命情态中孕育着个性的心智状态。

教育内容丰富性主要表现在几个方面：同质性事物的丰富与扩展，然后是异质性事物的丰富与扩展，还有同一事物的纵深性扩展。个体创造性思维的显现就是在教育情境中内容的丰富性的牵引下，在个体水平、垂直或椭圆形思维展开过程中的思维跳跃，是一种跨越的或者反向的或者综合性的思维方式的展现与思想活动的形成。

爱是情感性的激励，是属人化教育场域的展开与个体发展内在动力的培育。丰富性是智识发展的基础，是给个体天赋潜能的显现提供理智的支撑。个体的发展始终是在爱和智慧两个层面展开，这一过程就是在爱的交往中的自我丰富，而非被动性的智力开发。

富于爱心的交往需要理智性内容的支撑，否则这种交往难以超越日常生活的品质而流于平庸与琐碎。爱的交往，在个体发展中具有不可或缺的基础性地位。没有爱就没有教育。从创造力的视角看，爱的意义主要表现在一是爱可以作为个体发展的动力，二是爱的交往作为个体发展的场域，始终提示着个体智慧与创造力。个体创造力的显现具有非预期性，教育是培养有创造力的人。

接下来，我们再来看爱与丰富性扩展的内在秩序是什么。简而言之，就是两句话：第一就是低龄阶段培养爱，在爱中渗透丰富；第二就是中学阶段到大学阶段重在理智性的扩展，在丰富中渗透爱。两个阶段，应该是各有重点，但彼此关联。

个体发展前期的教育是感性的，具有浪漫的特质。低龄阶段教育的实质，在富于爱心的游戏与交往中增进个体丰富的生命体验。小学教育的基本目标就是审美化，在自由而多样的交往情境中注重儿童感官的综合运用。小学教育审美化需要几个基本条件，主要包括：弱化知识的难度，弱化知识系统化，小学办学小规模化与小班化。

与小学教育审美化相对应的就是中后期的教育要充分的理智化。这个阶段大脑已经成熟，重点就是理智化的发展。高中阶段的教育应该是充分理智化学习的阶段，把青少年学生的理智兴趣充分激发出来。中学教育同样要在富于爱心的交流，以及中学生的平等而广泛的参与、自主探究与社会视野的扩展之中进一步提升个体生命的人文体验，深化人的品格。

不难发现，衡量一切教育的好坏的基本标准，无非是：第一看它从基础形式上是否充满着爱的激励；第二看它从实践内容上是否具有丰富性。我国基础教育的问题，第一就是爱的体验不充分。第二智识空间太狭窄，特别是中学。我大概十年前到长沙一个重点中学去，就谈到我们中学教育突出的问题就是智识空间狭窄；第三就是自主性实践不足，不足以充分地激活个体爱的心灵与深度的理智创造活力。

当然，不同阶段我们的基础教育问题是不一样的。学前教育与小学教育的问题是幼儿教育的小学化与小学教育的中学化，我们要保卫孩子，保卫童年。这是我们小学教育改革的重点，要切实降低小学阶段课程的知识难度。中学的问题是智识空间太单一，导致个体心智视野在关键的时期很狭窄，综合实践能力不足。

从爱与丰富的视角来审视我国基础教育改革，我们需要从以下四个方面着手：

第一，切实针对不同阶段学校教育确立不同的目标，避免教育的倒置，换言之就是要避免小学不小，大学不大。我们一定要让小学变小，让中学丰富，让大学大起来。这样每个阶段都会有符合各自特点与内在要求的目标，这样才能在整体上培养健全的人。

第二，在学校教育的内容结构上，必须重视德、智、体、美几方面全面发展。如果说智育、德育重在丰富性的扩展，那么体育、美育则重在爱的体验与深化。

第三，在具体教育实践中，努力扩展爱与丰富性的生命体验。一是需要以积极的态度写开阔的交往；二是需要以理智世界的切实而充分的拓展来提升教育的丰富性，由此而培养健全的富有创造活力的生命个体。

第四，学校教育必须保持向着日常生活世界的张力。一个人创造力的培养，绝对不是单靠学校教育就能完成，要引导个体真实地活在与周遭世界丰富的联系之中。一个健全的富于创造力的个体绝非单纯学校教育所能培养，每个人的成长都是十分复杂的，一方水土养一方人，传递着千百年来代代相传的生命精神，我们今天的教育弱化了生命精神。

最后，总结一句，当我们的孩子经历了一个从小学到初中人生成长的黄金时期，这些孩子慢慢要成为中国的精英，我想如果我们未来的精英们在他们人生的黄金时期没有体验到爱，没有体验到丰富性，他们的人格就是残缺的。所以，为了我们祖国的未来，为了明天，请引导我们的孩子，让他们更多地去体验爱，体验丰富性吧。创新之道，教育之道，就在爱和丰富性之中。谢谢大家！

李镇西

李希贵

钱静峰

周国平

刘铁芳

回答与讨论

李镇西：

我很荣幸，也很紧张坐在这儿担任主持人，我开始担心有点冷场，我想先问，现在已经有好几位举手了，请中间那位提问。

提问：

我请问李希贵校长，你能叫出多少学生的名字？还有，很多校长会说你的条件我不具备，你最想对他们说什么？谢谢！

李希贵：

多少学生名字，我没统计过，但是我在努力去做，通过各种方式，来和学生建立连接。包括现在我加了很多学生的微信，利用各种方式跟他们建立连接，包括通过购买他们的作品。上个星期刚刚购买了学生的两个书法作品，还有学生制作的微课光盘。我通过各种方式跟他们建立联系，成为朋友。因为任何通过别人来给你介绍的学生状况都不是你的亲历。对不起，我没统计过，但是挺多的。

提问：

会不会影响你的日常生活和工作？

李希贵：

很奇怪，我们的学生真是不得了，每一届学生都把我的手机号印到他们的手册上，每个学生都有我的手机号，但是给我发短信的就是十个八个，他们特别清楚什么事情该找我。刚才一位学生给我发短信，他户口在上海，希望我帮他联系一个学校，这个事找我比较方便。其实大量的（事情）他们不会找我，教育必须建立在信任的基础上，一定要信任他们，他们有自己的判断能力。

若干校长问不具备我的条件，该怎么办？我觉得每个学校一定是不一样的。新学校一定是若干个学校探索当中的一个，而且我们还存在很多问题。我一定会告诉他，不要轻易改，你想不清楚，整不明白，就上去了，就遇到困难了，遇到困难就退缩了，说这个改革不好，不适合我们，我觉得这是特别不好的，一定要十分慎重。我不建议问这种问题的校长进行改革。

李镇西：

李希贵校长对学生非常关心。我们说以人为本，但是在李希贵校长这儿，人是具体的，不是一个抽象的概念。他们一位老师说，我们李校长是把手机号公开的。我在另外一个学校听了这么一件事，一个校长接到一个学生的短信，他要查谁把他的手机号泄露出去的。李希贵校长谈到其他学校的问题，且不说每个学校不一样，同样具备李希贵校长学校的条件，他不一定能搞得成。他在强调自己的学校不一样，这实际上是借口，改变自己，才能改变学校。

提问：

李校长，我是坐在特后面，我迫不及待跑到前面来了。我这个问题也是向李希贵校长提的。我是来自湖南湘潭的一个小学教育工作者，前天我们专程来到十一学校一分校参观学习，收获满满。围绕今天的主题，创新时代，北京这么多名校，怎么发挥辐射作用？在跨省份、跨区域指导我们这些大力发展的学校的基础上，是否也可以有一些创新的举措，带动我们一起共同进步？谢谢！

李希贵：

谢谢！有时候真是屁股决定脑袋，过去我当教育局长的时候，我想的还挺多的。今天我当校长了，更多的是想这个学校，而且我想的就是这个学校的学生，你今天提的这个问题我没太想过。因为校长的直接服务对象就是学生。有很多朋友问我，好多地方在质疑你们，你不关心吗？你没看吗？我说我没看。你都没看？我说我大量的时间在看学生对我的质疑，我特别小心这事。如果有一批学生在对我质疑的话，我就胆战心惊，就顾不上外边质疑我的声音。我们会好好努力，教育部也把我们作为一个改革的试点学校。我们在提取一些要素；一个学校要办成一个真正属于学生的学校，有哪些要素，这些要素能不能复制到其他的学校，我们现在也在想。一个重要的判断标准，你这个校长到底是为了学校还是为了学生？这是衡量一个学校的试金石。如果这个校长天天说我是为了学校，牺牲学生的利益，追问他两次，就是为了自己。在学生利益和学校利益发生冲突的时候，你是不是更加关照学生利益？我想这是回归教育本质的前提。另外，我们感觉到必须有一个多元的主体，作为学校的治理结构。首先是双向选择，教师可进可出的聘任机制和切断各种权力链的管理机制。第二大块就是尊重学生的选择。第三就是教师。我刚才展示三角形的三个方面，治理结构会调动教师的积极性，课程体系会激发学生的积极性。如果能够把这些慢慢梳理一下，也许我们会像有些学校一样，能够分享给更多的学校来借鉴。

李镇西：

一般的老师看到十一学校，会羡慕或者赞叹它的选班、选课、双向聘任，但真正让我感动，甚至震撼的是一个数字：在十一学校97.3%的学生认为我们李校长在台上讲的和我们平时所感受到的是一样的。请问有多少校长经得起这样的调查？所以很多校长首先要把这个学会，我说的就要做，做给学生看。这是最让我敬佩的一点。

提问：

尊敬的李校长，我的问题是向李希贵校长提的。我听到您几次的报告，也读过您的一些文章，也认真研究了十一学校的章程。我个人对您是特别钦佩，我提两个问题。第一个问题，在您刚才演讲的时候，您说当校长好比当一个墓地的管理员，下面虽然有很多人，可是没有人听你的。但是在现实生活当中、工作当中，你会发现有很多的情况好像大家都听你的，但是其实他们可能不一定听，我的问题是您怎么判断下面的人都是听您的？您觉得十一学校的全体师生都听您的吗？如果不是，比例有多少？这是第一个问题。

第二个问题，您的演讲当中，您刚才提到不奢望统一思想，致力于统一目标。我的问题是统一目标的过程难道不是统一思想的过程吗？谢谢！

李希贵：

统一目标，从某种程度上在有些地方也需要共同价值观，但是在过程中，每个团队，每个老师、学生做事的方式，他的思维方式，他对某些事情的价值观可以是不一样的。你是更加看重什么？这两个东西永远分不开，但是你更致力于什么东西？就像你刚才谈到是为了学校还是为了学生，其实这两个东西是不矛盾的，但是你更加追求的是什么，这是你在关键时刻、两难的时候，你决策的一个标准。

多少老师听我，我压根儿没想过这个事，怎么统计，我也没统计过。

你一旦把预算下发，马上就变化了，马上他就不会完全听你的。他会从他的实际出发，更加贴近学生的需求去配置资源的时候，他为什么一定要听你的呢？所以有时候我非常高兴地看到，在操作某一个事情的时候，他们不听我的，有时候我挺欣赏他们的。刚才那句话是马里兰大学前任校长莫特调侃的一句话，不要信以为真。

提问：

想问一下远播教育的钱校长，关于体制外的教育如何起到引领作用，对体制内的教育起到一定的助力或者领导力的作用？

钱静峰：

我自己本来也在体制内，我在上海交通大学工作学习20年。从我们理解上来说，创新第一个土壤是多样性，刚才刘老师一直讲丰富，有了多样性之后，它才会有更多的发展。第二个是从我们角度来说，体制外最大的优势，其实无论从大的来讲还是从小的来讲，它都有一个好的特点，就是试错。当我们在团队创新的时候，我们要考虑对试错这件事情的尊重。在体制外，我们做错了，我们去改正，体制内要追求一定的效率和一定的平稳性，可能有时候会遇到这个问题。但有没有想过我们的孩子？中小学如何奠定孩子的特质？我们中小学老师需要对我们的孩子试错，不仅仅是包容，更多的是鼓励。因为你只有鼓励他去试了，试对了也许就是创新，但是试错了，并不一定不是创新。我们今天讲得比较多的是关注孩子，前面几位老师讲的一个核心，我的理解是尊重。我们尊重每个孩子，以及他作为一个自然个体的生长过程。对于试错这件事情的理解，也希望老师们在过程当中。包括李校长跟他交流我们远播的框架，他说个性化在哪？到这个框框以外，试错了就试错，试对了我们就保留下来。

提问：

我原来是老师，现在是编外的，做家庭教师。我要说的是作为家庭教育者，我研究11年了。我们在研究“创新时代：教育怎么办”。学校也是个体问题。我研究钱学森的成长经历，还有杨振宁、李政道等等，传记当中都有一句话：“受过良好教育。”我想问的就是家庭教育和学校教育的关系。周先生，通过您个人的成长经历以及这些真正有创新精神的人的成长经历，您认为家庭教育和学校教育的关系是怎样的？到底孰重孰轻？

周国平：

从我自己的亲身经验，我见证了两个孩子的成长。我女儿就在李希贵校长的学校里面，但是是考进去的，我不认识李希贵校长，一点后门都没走。家庭教育是非常重要的，但是一定要真正去懂得孩子。其实很多家长是粗心的，懂得孩子非常重要。我两个孩子很不一样，女儿是从5岁的时候就会看书，《窗边的小豆豆》幼儿园的时候就能看了。儿子到现在特别厌烦看书，特别讨厌语文课，但是我发现他的特点，数学很好，对数学有兴趣，喜欢做那些趣味的数学题，另外画画非常好。我家庭教育就是这样的，我让他有一个好的心态，我就告诉他，你看爸爸现在是语文还不错，是个作家，我说我告诉你，我小学的时候语文也一点都不好，所以一点关系都没有，你特别棒。其实他因为语文不好，在班上倒数第几名，倒数二三名，压力挺大的，我给他减轻压力，适当地帮他。有时候我看他实在太难受，我就帮他复习一下，让他提高一点。但是我跟他说，让他知道这一点都不重要。我是抱这样的态度，从家庭教育来说，这是一个基础。学校教育最后也是在你家庭教育的基础上来发挥作用的。我在应试教育这方面给他减负，给他减轻压力，尽可能发现他的特点，鼓励发展他的特点。每个孩子都不一样，你不要让他去拼命弥补他的弱点，要通过发扬长处来减轻弱点，扬长避短是最好的办法。

刘铁芳：

我主动先说几句，台下可能没有我的粉丝。我前面说了，低龄阶段的教育是在爱和丰富性。从家庭和学校来说，家庭教育就是以爱为主，学校教育是以丰富性为主，这是一个基本的定位。我们目前家庭教育一个很大的问题，包括我现在作为家长也是遭遇到很突出的问题，就是家庭教育完全成为学校教育的一个延伸，学校作业完成了，家长签字。我们适当调整家长的心态，要有效应对学校教育作业的压力，充当学校教育的补充和基础，而不是延伸。学校教育缺什么，你来补充，它不应该是一个简单的延伸。

李镇西：

我跟刘教授碰撞一下。关于家庭教育和学校教育的关系，我说两句话，学校教育非常重要，但无论多么重要，它只是家庭教育重要的补充，所以应该倒过来讲。第二句话，家庭教育主要的责任任务不是智力开发，而是人格培养。所有出色的人他家庭教育很好，不是学校教育。我们可以讨论。

刘铁芳：

我们不矛盾。

提问：

昨天我看了你一篇文章，2013年写的《童心万岁》。这篇文章强调教育工作者，包括家庭要永葆一颗童心。在您这么多年教育生涯中永葆童心，这么健康，对教育充满希望；另外在您的学校里面，学生和您互动，我看了很多照片，您搂着孩子，那么贴心，这一点非常重要。不管家庭教育还是学校教育，我们都是为了孩子。我想请教您，您是怎么做到的？

李镇西：

我就一句话，一个优秀的教师，不要忘记自己曾经是个孩子。谢谢大家！时间到了，谢谢！

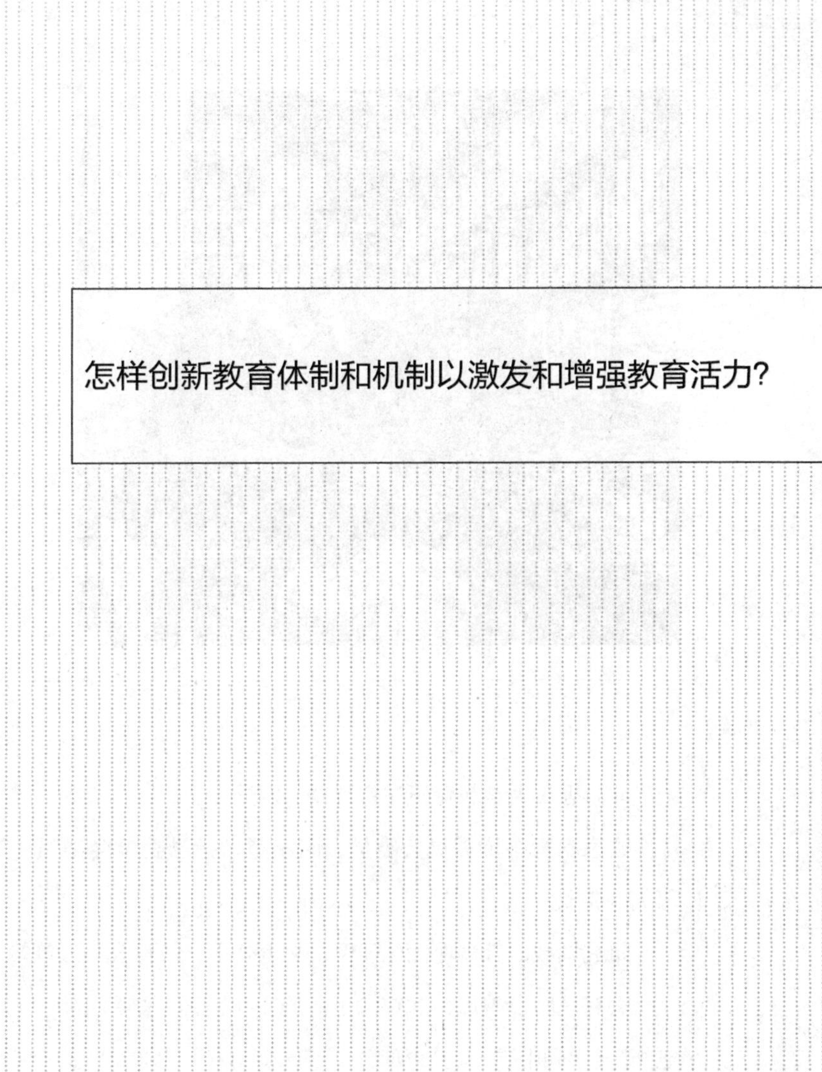

怎样创新教育体制和机制以激发和增强教育活力?

杨东平

北京理工大学教育研究院教授、博导

国家教育咨询委员会委员，国家考试指导委员会委员，21世纪教育研究院院长

研究领域：教育现代化理论、教育公平、教育公共政策等

著有《城市季风：北京和上海的文化精神》《最后的城墙》《未来生存空间》《学问中国》（教育部分）、《无梦时代》《倾斜的金字塔》《艰难的日出——中国现代教育的20世纪》等

启动办学体制改革，促进教育创新创业

互联网时代已然来临。互联网对教育的改革不仅仅是慕课和翻转课堂，它对学校的形态也造成实质性的改变。首先我和大家分享一些世界创新学校的案例。

听说过Altschool吗？在硅谷的Altschool是由谷歌的前高管创立的，吸引了一大批投资者的眼光，包括扎克伯格、乔布斯的夫人等等，获得了一亿多美元的投资。它已经办到了美国的其他城市，成为一个学校的“连锁店”。没有豪华的校舍，在社区租几间民房，一百多名学生，一个班两名教师。根据每个儿童的情况，每天给他们不同的学习任务卡片，指导他们自主学习。它被称为是一个真正意义上以儿童为中心、以项目为基础方式而实现的个性化教学，是一种定制式的教育。其核心理念是：教育+设计+程序+创业家精神。它自称是工程师办学，学校有一个两百多名网络工程师组成的强大的后台。这就是在互联网时代大规模教学下的个性化学习。

互联网时代的大学也已经出现——美国的Minerva（密涅瓦）大学。

同样没有教室，没有围墙，没有图书馆，没有游泳池。他们在旧金山租了一栋宿舍楼作为他们的总部，在全世界招聘最优秀的学生，中国已经有好几位学生进入了这所创新的学校。他是由哈佛大学前校长等一大批教育名流创办的，立刻吸引了全世界的目光。他们的目标是为全球化时代培养未来的社会领袖。除了第一年在旧金山学习基础课程、方法论以外，其他的三年六个学期在全世界六个不同的城市，包括香港、悉尼、孟买、里约热内卢，伦敦和开普敦，在每个城市待一个学期。他们不需要图书馆、体育馆、计算中心，因为是以整个城市为教育资源，以社会为课堂的。这样不仅可以节省学习成本，同时可以让学生开阔视野，提升个人生活能力，最大限度地融入不同的文化，掌握不同的语言，充分利用不同地区丰富的课外辅导活动，还能在毕业前建立一个全球网络关系。

他们的理念是“连接未来，全球格局，个体关注，学习习惯”，“世界等你去探索，未来等你去定义”。办学模式是：沉浸式的全球化体验（Global Immersion），现代化的课程（Modern Curriculum），终身的成就支持（Future Success），真正无地域限制、歧视的招生（Admission）。我们可以想象这么一所学校，十年后它的学生是怎样的一种面貌。

这种创新学校，它的目标就是要颠覆在19世纪建立的“教育工厂”。所有在知识经济第一线的企业家都深刻意识到，我们现在的这套学校制度是在19世纪形成的，不可能在知识经济时代培养人才。“教育工厂”沿用了大工业生产的特点，第一是大规模、大批量；第二标准化，统一规格、统一标准，统一进度，统一教材，统一考试；第三其价值观是知识本位的，即学校主要是为了传递、灌输知识。这是在上个时代，为培养大量训练有素的工厂劳动力而建立的。今天我们要为未来培养人才，必然要打破19世纪的“教育工厂”，建立以学生为中心的、实行个性化教学、以培养创造性为主的小规模的精品学校。

在美国，对学校系统的改造一方面是出现了一批创新的学校，另一方面是改革公办学校。在这些公办学校，教育经费充足，但相对比较平庸，缺乏活力，也存在千校一面的问题，甚至有枪支、毒品泛滥的现象。公办学校的品质一直是令人担忧的。

美国从20世纪90年代开始实行特许学校或者叫“契约学校”（Charter School），这是一种委托管理的模式。公办学校的性质不变，政府全额拨款，举办者与教育行政部门签订协议，按照章程办学，自主管理学校，在聘用教师、经费使用、课程设置、校历安排等方面有很高的自主权，让他能够办出不同的特色，不同的风格。到2010年，美国已经有5453所特许学校，在校生173万人，已经经过了几轮实验，三年做一次评估，合格的继续签约，不合格的由教育局收回。

英国的自由学校（Free School）也是这个理念，它是借鉴美国的特许学校和瑞典的自由学校而建立的。在2012年以后，成为卡梅伦联合政府的旗舰教育政策。它的核心价值，是打破政府垄断，向教师、家长、社会组织、企业等开放办学。政府资助经费，公办性质不变，实行契约管理，学校有充分的自主权。它在英国发展很快，到2013年底，已经有102所自由学校，在校生13万人。

在传统的学校体制之外，还有一个巨大的潮流就是“在家上学”（Homeschooling），或者叫在家教育、家庭学校、自主学习。这种形式对公办教育体制是一个最重要的补充，具有个性化、高品质、灵活性等特点。1998年美国从幼儿园到高中在家自行教育的学生数约有150万人，占学生总数的2%。它的增长速度极快，每年的增长率是20%，而且它的毕业生是常春藤大学的首选。为什么“在家上学”受到欢迎？它有很多好处，因为它真正实行了“小班教学”、个性化教学，两个孩子，一个孩子；不用六点半起床，可以睡到八点，因此它的教育品质也较高。“在家上学”在全世界各个国家，包括在台湾、香港地区都已经合法化了。

台湾的教育改革令人刮目相看。就在上个月，（2015年）11月4号，台湾通过了著名的“实验教育三法”，实行教育松绑，把更多办学空间释放给民间。第一个是《学校形态实验教育实施条例》。公办学校经批准，5%的公办学校可以按照自己的想法办学，允许做各种各样的教学实验，不必遵从统一的教学计划。经批准实验学校的比例可以扩大到10%。这种学校过去在台湾被称为“另类学校”“理念学校”，如华德福学校、森林小学等，现在把它纳入到学校系统。第二个是《高级中等以下教育阶段非学校形态实验教育实施条例》。所谓“非学校形态实验教育”，就是将“在家上学”合法化。第三个是《公办学校委托私人办学条例》。意思很明确，就是通过委托管理的方式，实行管办分离，委托教育家来办学。就好像企业委托、聘请职业经理人团队来管理一样。

世界潮流浩浩荡荡，惊涛拍岸，中国怎么办？我自岿然不动，雾霾依旧！

我们仍然在实行大一统的严厉的应试教育，强调规模化办学，举办大规模学校、巨型学校，三五千人的小学、一两万人的中学比比皆是，衡水中学模式正在走向全国。政府垄断办学，尽管有民办教育条例，但是你想在北京举办一所民办小学，首先得有一千万的担保金。极高的办学门槛，教育家是办不了学的，只有资本家才能办学。

在近些年中国的教育改革中，最积极的变化就是老百姓“用脚投票”的方式发生了改变。过去只有逃离中国、逃离应试教育一条路；现在有了新的选择，就是实行教育自助、教育自救，自主办学。目前在全国范围内，已经有数以万计“在家上学”的家庭，数以千计体制外的小微学校，包括私塾、学堂、华德福学校，以及自由学校等等。但是他们有一个共同的身份：黑户。无法注册，没有学籍，没有合法性。他们满足了相当一批高学历的白领、海归等家长多样化、选择性的教育需求。因为大家知道尽管我们号召素质教育，但是素质教育在中国是非常昂贵的，无论在公办学校还是私立学校，都很难找到真正以儿童为本、不以考试和排名压迫学生的学校。在北京，很多明星大腕、主持人为了不委屈孩子，只能选择去国际学校，学费一年20多万。

我国的教育改革、教育治理现代化的目标已经提出，它的核心理念就是：简政放权、管办评分离、第三方评价、委托管理、购买服务等等。在教育领域如何破这个题？如何实现管办分离？如何下放教育权力，释放教育红利？这是一个巨大的挑战和一个重大的主题。我们需要现实地启动中小学办学体制改革。这一轮改革所需要变革的是这样三个对象：一是具有1300年传统的科举教育，它的当代翻版就是应试教育。二是19世纪形成的“教育工厂”模式，是以知识灌输为主，大规模、集体化的统一教学模式。三是1950年代以来建立的苏联式的高度集权的计划教育体制。

办学体制改革有两个方向，一是改革公办学校办学体制，试点特许学校、自由学校的模式。将部分公办学校公开招标、签订契约，委托教育家团队管理，实行教育家办学。如果北上广这些教育基础比较好的大城市和发达地区，每个区县拿出一所小学、一所初中进行试点，全国就会有数以百计的实验学校，成为体制创新的生长点。

另外一个就是把创新创业的概念从企业界扩大到教育界，鼓励有理想有抱负的校长、老师创办小微学校，解放教育生产力。这样，很多家长可以不必把小孩送到国外或国际学校，我们也可能给他提供一个比较好的教育。只有多样化的教育体制才有多样化的教育模式。教育创新，从开放办学开始！教育创新，从下放学校开始！教育创新，从解放学校开始！教育的开放、下放、解放，是教育改革新的主题词。

中国具有全民族重教兴学的巨大热情，具有学在民间的悠久传统，是一个盛产教育家的国度。为什么我们的教育家消失了？因为教育权力被政府垄断了。通过这个改革，将教育权重新还给社会，还权于民，使教育重新成为社会共同参与的伟大事业，就有可能出现更多教育家，出现崭新的教育局面，重新焕发文明古国的教育之光！

这是我们的希望，让我们共同努力！

周洪宇

华中师范大学教育学院教授

全国教育科学规划教育发展战略组成员

长江教育研究院院长

创新立法体制机制，依法推进教育治理现代化

大家好！

今天我要给各位演讲的题目是《创新立法体制机制，依法推进教育治理现代化》。

选择这个题目，原因主要有两点：第一点，教育治理现代化与教育法治建设有密切的关系。我们知道，依法治教、依法治校是教育治理现代化的基本内容，也是教育治理现代化的重要保障。但要做到依法治教、依法治校，首先要解决的问题，还是教育立法。可以这样说，教育立法是依法治教、依法治校的基本前提，没有教育立法，也就谈不上什么教育执法、教育司法、教育法律监督和教育问责等，也就更谈不上什么教育治理，教育治理现代化和教育治理能力的提高就是一句空话。同样的道理，教育法治建设是教育创新的基本前提与重要保障。创新时代要创新教育，也必须以法治建设为基础。这是第一点。第二点，我过去在华中师范大学从事教育研究工作，现在也还在带学生，做些教育政策与立法研究。2001 年后，我先后到武汉市和湖北省教育行政部门，分管教育政策与立法等工作。八

年前又到湖北省人大常委会，也是分管教育科技文化卫生立法工作，所以结合工作和研究，谈谈自己对这个问题的一些认识。

根据我的观察，教育立法工作，目前的问题主要在三个方面。一是立法体制，二是立法机制，三是立法方式。具体说，就是立法体制不完善，立法机制不健全，立法方式不灵活。从立法的角度来看，重点是这三个问题。这三个问题也是我国目前立法过程中普遍存在、必须着力创新解决的问题。尤其值得注意的是，教育立法体制也与其他的体制机制问题，比如政治体制、经济体制、文化体制等都有密切关系，需要从深层次上去思考与解决。

要做好教育的立法工作，首先要解决好立法体制问题。我们目前的教育立法体制是什么样的呢？这里我给大家做一个简单说明。现有的教育立法体制，主要是全国人大及其常委会根据《中华人民共和国立法法》，授权委托国务院有关部门（如教育部等）牵头立法，开展立法调研，起草立法初稿，先在教育部部门内部征求意见，意见达成一致后，上教育部部务会，教育部部务会通过后报送国务院法制办。国务院法制办根据其立法规划和计划，排出时间表，再征求国务院相关部门乃至社会各界意见。如国务院相关部门意见一致，才能提交国务院常务会议。如国务院常务会议无异议得到通过，才能提交给全国人大及其常委会。全国人大及其常委会根据自己的立法规划和年度计划，多次审议教育法律直至通过。

由此可见，通常要制定一部教育法律，首先得由全国人大及其常委会向国务院及其下属某个部委授权，才能立法。如果全国人大及其常委会没有授权，国务院及其下属的部门是无权制定教育法律的。这体现了全国人大及其常委会所具有的基本职能之一的立法职能，体现了全国人大及其常委会立法权的神圣性和权威性。一般而言，全国人大及其常委会具有四大职权，即立法权、监督权、重大事项决定权和重要人士任免权，立法权是其最主要的职权之一。

这种立法体制还有一点非常重要，当全国人大授权给国务院及其部门立法之后，部委起草法律草案，法律草案形成之后，要上报给部委的部务会，部务会内部征求意见，没有异议了，才提交给国务院法制办。国务院法制办拿到部委立法草案之后，又要分别征求其他部委的意见。如果某一个部委对这个起草法律草案有异议，这个立法草案要重新退回修改。如果修改后还是达不成一致意见，这个法案尽管已经由某个部委起草了，但也在实际上成了一个废案，提交不了国务院常务会议，而国务院常务会议未提交通过，当然也不可能再提交给全国人大及其常委会审议。

这种教育立法体制，基本特征就是两点：第一点，没有全国人大及其常委会的授权是不能立法的；第二点，如果各部门之间没有达成一致意见，即使起草了法律草案，也是不可能审议通过的。这种教育立法体制，有其历史合理性，在相当长历史时期里发挥了重要作用。但在建设社会主义法治国家和法制社会，注重依法治教、依法治校的今天，随着我们教育事业的发展、教育改革的推进，这种立法体制需要进一步创新和改革。

还需要指出的是，我们国家在立法方面，所有的立法都要依据一部重要的法律《中华人民共和国立法法》。《立法法》是在国家《宪法》这部根本大法之外，带有小宪法性质的一部法律，所有的法律法规都要遵循《立法法》的要求，才能制定出台。今年（2015年）3月全国人大通过的《立法法》修订稿对于立法体制做了进一步明确和完善，即过去主要是由全国人大及其常委会授权给国务院及其部委立法，现在已经明确，今后为了加快立法的进度，保障社会主义事业的健康发展，包括教育的改革和发展等，全国人大常委会及其专委会应该更加主动地发挥其立法的主导作用。

那么，怎么更加主动地发挥其主导作用呢？原有《立法法》其实已有规定，全国人大常委会和专门委员会可以自己提出立法议案，或者全国人大常委十人以上联名，也可以提出立法议案。比如我们要制定一部教育法律，只要有十位全国人大常委联名，就可以提出立法议案。从道理上说，这时这部教育法律就应该进入起草过程。但这条规定过去并没有真正得到全面实施，仍主要是由全国人大及其常委会委托国务院及其部委立法。这次修改稿已经非常明确，今后为了加快立法的进度，有利于改革和发展，保障社会主义事业的健康发展，全国人大常委会及其专委会应该更加主动地自己提出立法议案，把立法权更好地掌握在自己手中。

这样一个改变有什么好处呢？很明显，它有助于避免部门立法利益化，确保改革和发展不走样。这次《立法法》的修改也给我们下一步思考如何改革立法体制机制提供了空间与余地。现在的问题是，不是能不能这样做，而是想不想这样做，敢不敢这样做，这是一个新问题。我认为，根据《立法法》修改稿的新精神，我们要加快立法进度，要确保教育改革和发展走向深入，确保教育事业的发展满足人民群众的愿望，今后要尽量发挥全国人大教科文卫委员会的立法提出与牵头作用。

与此同时，地方省一级人大及其常委会，及其相关专门委员会，也可依据《立法法》新精神，加大主导制定地方立法（包括教育立法）的力度，积极制定符合地方实际需要的教育法律，推进教育治理现代化。而且，新的《立法法》也授予地方设区的较大的市部分立法权。也就是说，地方设区的较大的市，也可根据所授予的部分立法权，加快地方教育立法，以弥补中央和省一级教育立法的不足。这是我要说的第一点："创新立法体制，完善教育立法体制"。

第二点，就是要创新立法机制，健全教育立法机制。刚才提到除了教育立法体制之外，还有一个问题很重要，就是立法的机制问题。如前所述，一般都是全国人大及其常委会根据《立法法》授权委托国务院有关部门牵头立法，起草立法初稿，先在牵头部门内部意见达成一致后，上部门部务会，部门部务会通过后报送国务院法制办审批。国务院法制办又根据其立法规划和计划进行安排。但是，如果国务院法制办正巧此时工作任务很重，忙不过来，就安排不了，很可能会把这部教育法律放一放，等有时间了再排上去，那么原来部委已经提交上来的相关法律实际上就无形中停止进展了。对于这种情形，有的同志很形象地比喻说，相当于这个时候飞机场的跑道上已经有不少飞机正等待起飞的指令，但是此时塔台指挥部没有发出起飞的指令，所以你这个飞机还是不能起飞。立法体制问题涉及能不能立、有没有，立法机制问题涉及即使你有了，如果这个环节还有障碍的话，你还是通不过，教育法律还是出不来，这也是一个突出的问题。

为此，一个比较可行的办法，即还是由全国人大及其常委会牵头主导立法，避免在中间环节产生“肠梗阻”。对于部门已经提交的法律，由全国人大及其常委会，以及相关专门委员会出面督促协调有关工作，加快立法进度，服务教育改革，这是如何解决立法机制的问题。

第三点，就是要创新立法方式，加快教育立法进度。

我国从20世纪80年代以来，实际上对于教育立法工作还是相当重视的。全国人大及其常委会先后制定颁布了《学位条例》（1980）、《义务教育法》（2006修订）、《教师法》（1993）、《教育法》（1995）、《职业教育法》《高等教育法》（1998）、《民办教育促进法》（2002）等7部教育法律。与此同时，国务院发布或批准了17项教育行政法规和法规性文件；地方各省、市、区人大也相继制定了138项地方性的教育法规；国家教育行政部门也颁布了有关教育规章200余项；各省、市、区人民政府也制定了符合当地教育发展需要的地方性教育规章。教育法律法规，从无到有，并初步形成了以《教育法》为核心的教育法律法规体系框架，基本结束了教育工作“无法可依”的局面。但是问题就在于，还有一些基本的、必需的、重要的教育法律，我们现在还没有制定出来。比如最近这么多年大家一直呼吁出台的《学校法》。我们有《教育法》，但是我们没有《学校法》。学校是教育中一个最基本的现象，但相关的《学校法》就是千呼万唤未出来。尽快制定出台《学校法》，也是最近这么多年来教育界、法律界，特别是我们中小学教师、校长都非常关注的一个问题。另外，《学前教育法》也没有，《终身教育法》也没有。

全国人大“十二五”期间确定了“六修五立”的立法计划，即修订《教育法》《职业教育法》《高等教育法》《学位条例》《教师法》《民办教育促进法》，制定《学校法》《教育考试法》《学前教育法》《终身学习法》《家庭教育法》等法律。目前来看，“五立”，一部没立，“六修”，只修订通过了两部。《教师法》修订之后，报给了国务院法制办，最后又因为其他的原因，被法制办给退回来重修。现在通过的也就是《教育法》《高教法》，《职业教育法》《民办教育促进法》还要继续修订，因此现在立法的任务还相当繁重。

近年来，为改变教育立法严重滞后的局面，加快立法进度，教育部有关司局从有关立法部门对过时法律法规采取打包处理，实行“废”“立”“改”的做法中受到启发，对已经列入“六修”中的《教育法》《高等教育法》《民办教育促进法》《教师法》等几部法律，也创造了一种“一揽子修法”的方式，即不对一些法律做整体修改，而只对这些法律中的某些关键性条例进行修改，也为国务院法制办所接受，明显推进了修法进度。但很遗憾，原定的“十二五”立法规划，即使这样也仍然完不成。为此，需要继续创新立法方式，加快教育立法进度。

最后归总说一句话，教育法治建设是教育治理和教育创新的基本前提与重要保障。创新时代的教育应对，应该从教育法治建设入手。而教育立法体制机制的改革创新，是教育法治建设的不二法门。

谢谢大家！

石中英

北京师范大学教育学部部长

长江学者特聘教授

中国教育学会中青年教育理论工作者分会理事长

建设更加民主的教育体制机制

各位教育界同仁，大家下午好！非常高兴再次来到中国教育三十人论坛，就教育创新问题和大家进行交流。今天下午我发言的主题是“建设更加民主的教育体制机制”。

2014年末到2015年初以来，国家教育体制改革办公室委托全国若干个教育研究机构，对2010年颁布实施的《国家中长期教育改革和发展规划纲要（2010—2020年）》进行中期评估。上个月陆续举行了中期评估结果的新闻发布会，全面回顾了五年来各项改革任务的完成情况以及存在的实际问题，引发教育界内外的广泛关注。这是在国家层面上按照建立现代教育治理体系的理念，推进教育领域的管、评、办分离，体现教育行政职能转变的一项重要工作。应该说，这项举措的实施尽管还有许多值得进一步完善的地方，但是它确实具有标志性的意义，显示出政府对建立更高水平民主教育体制机制的新追求，也指示了“十三五”期间国家教育体制机制改革的新方向。

《国家中长期教育改革和发展规划纲要（2010—2020年）》明确提出：到2020年，随着全面建成小康社会的任务完成，教育领域要“基本实现教育现代化”。这是中国社会尤其是教育界目前正在全力以赴所要实现的发展目标，也是百十年来，尤其20世纪80年代邓小平同志提出教育“三个面向”以来，中国教育现代化进程的一个夙愿。然而，在实践层面上，当人们检视教育现代化的各项任务和指标体系时，发现教育界内外比较多关注的是外在的、量化的和静态的发展性指标的达成，如学前三年教育的入园率、义务教育的入学率和巩固率、高等教育的普及率、高等教育的毛入学率、教育信息化的覆盖率等等，对于一些更加内在的、标志教育现代性增长的一些结构性特征却比较忽视，如教育的法治化、民主化、多样化，以及广泛的可选择性等。我认为这是以往国家和地方在推进教育现代化进程时的一个不足或者短板。与这种对教育现代化的狭隘理解和执行中的薄弱环节有关，公共教育资源的增量配置主要指向提升各级各类教育机会的供给能力，多指向促进各级各类教育服务的规模扩张，很少指向以法治化、民主化、多样化以及广泛的可选择性为主要特征的教育系统的再造。这就导致了一种“片面的或者发育不充分的教育现代化格局”：一方面，教育供给能力不断增加和国民教育体系不断膨胀；另一方面，教育系统运行的体制机制依然没有发生实质性的变化，在一定程度上依然充满了保守性、等级性和强控制性，整个国家教育体系的活力并没有随着其规模的扩张而得到新的更大程度的释放。身在教育一线的校长和老师们对此深有体会，时有怨言。

党的十八届五中全会通过了《中共中央关于制定国民经济和社会发展第十三个五年规划的建议》，提出了“创新、协调、绿色、开放、共享”

的发展理念，为各个领域制定“十三五”规划提供了指导性方针。“十三五”期间，也是我国基本实现教育现代化的决胜阶段。要贯彻好新的发展理念，完成“基本实现教育现代化”这一伟大目标，在教育体制机制上必须进行进一步的改革，沿着建设更加民主的教育体制机制方向继续前进。

在我看来，更加民主的教育体制机制的基本特征如下。第一，在教育发展的根本价值取向上，进一步明确“人民主体”和“教育为人民服务”的理念。早在20世纪40年代，人民教育家陶行知先生就曾经明确地说过，民主的教育是“民有、民治、民享”的教育。同一时期的毛泽东在《新民主主义论》中也谈到新民主主义的教育就是“民族的、科学的和大众的教育”，“大众性”鲜明地表达了新民主主义时期我国教育的民主性质。1951年新学制改革时，国家明确提出教育要“向工农开门”，从思想上、政治上和制度上解决1949年以前的教育尤其是优质教育被少数人垄断的问题，将教育的国家主权和人民本位统一起来。进入21世纪以后，国家努力促进教育均衡，不断扩大教育公平，致力于通过教育公平阻断贫困的代际传递，其实质就是要坚持教育要为人民服务的价值取向，回答“中国教育为什么人”的问题。忽视或忘记这一点，教育现代化就会出现价值的迷失。

第二，在教育的根本目的上，更加强调造就一代又一代合格的社会主义民主公民。判断一个国家的教育体制机制是不是民主的，最根本的标准就是看它是否将培养积极的社会公民作为其根本的目的。我们国家在政治上实行的是社会主义民主制度，建设高度的社会主义民主制度是1956年以来政治改革和政治文明建设的核心任务。建设这样的一种制度，教育不能置身事外、袖手旁观，必须将社会主义民主公民的培养作为教育事业的根本任务。在培养和造就社会主义民主公民以及培养和造就社会主义事业建设者和接班人的关系问题上，前者是更为基础性的目的。缺乏公民意识，不认同社会主义核心价值观，缺乏中国特色社会主义的理论自信、道路自信、制度自信和价值观自信的人，不可能成长为社会主义事业的积极建设者和可靠接班人。要完成这样的任务，教育体系必须从小培养青少年学生的社会主义民主意识和习惯，不断提高他们践行社会主义民主的能力，坚定他们社会主义民主的信念。然而，检视目前大中小学实际上的教育目的，个人主义、精英主义、专业主义的目的论到处流行，培养合格的和卓越的社会主义公民的目的意识则非常薄弱。在一些大中小学各种煽情的、夸张的和高度文学化的校长毕业典礼演说中，人们也很难听到“培养公民”“做一个好公民”这样的字眼。说实话，这种状况非常令人吃惊。不难理解，如果一个国家的公共教育体系其根本目的不是为了造就公民，而是为了培养才子佳人，成为个人谋求自身发展、出人头地的工具，则很难说这个教育体系是现代的、民主的体系。

第三，在教育治理方式上，进一步强化依法治教，积极构建以法治为基础的基本教育秩序。现代社会一定是法治社会，法治是构建一个更加民主和公正的社会秩序的基石。民主的教育体制机制需要充分的法治来保障。新中国成立以来，尤其是改革开放以来，我国的教育法制建设取得了很大的历史性成就，这自不待言。但是，制定教育法律是一回事，依法治教是另一回事。从法制到法治，彰显了社会的进步，也是基本实现教育现代化的必经之路。从司法的角度来看，教育法制的基本体系尽管已经建立，但是教育的法治精神确实还没有得到充分的显现，教育领域内有法不依、违法难究、执法不严的现象依然存在，教育法律的普及还需要更加努力。这就要求在“十三五”期间，进一步完善现有的教育法律法规体系，加强教育立法工作和执法监督，构建基于法治的基本教育秩序，努力防止和有效解决教育领域中政大于法、因人设政、人走政息、朝令夕改等现象以及行政对教育活动的过度干预等问题。

第四，在国家的办学体制上，进一步坚持公办教育和民办教育的协同发展的体制。中国古代就同时存在官学和私学，以官学为主体。官学衰微，私学就会兴盛。新中国成立以后，在收回教育主权的思想指导下，政府办学之外的各种办学形式逐渐消失，各级政府成为唯一的办学主体。改革开放以后，社会力量参与教育事业的热情高涨，开始出现各种形式的民办学校。国家也出台有关法律，鼓励和支持民办学校的发展。但是，民办学校的发展总的来说存在着比较大的观念、体制、机制和政策约束，发展困难。这里面既有认识的问题，也有定位的问题，还有一些具体政策的设计问题。当前，国家有关部门也正在积极推动民办教育促进法的修订，努力为民办教育发展创造更好的条件与空间。随着学界和社会公众对于教育产品公共性质的认识不断加深，一个更加民主的教育体制机制一定是公办教育和民办教育协同发展、良性竞争的体制机制。在二者基础之上，也可以发展出更加多样的混合型的办学体制机制。在这方面的体制机制创新只有一个目的，就是激活社会力量办学的积极性、主动性和创造性，提供更加多样的、可选择的教育服务，满足全面建成小康社会后期人民群众多样的、个性化的优质教育需求。

第五，在教育政策的制定和执行过程中，进一步充分发扬民主。民主是建立现代教育治理体系的价值基础之一。正是更加充分的民主，使得现代教育治理不同于传统的教育管理。民主治理承认教育利益群体的多样性，同时致力于教育共识的达成。根据这种理解，“十三五”期间，在教育政策制定、执行和评估过程中，应该继续采纳教育规划纲要制定和中期评估时采用的好方法，充分地发扬民主，完善自下而上和自上而下相结合、多种利益群体充分表达意见并在民主的基础上有效协商、达成共识的机制。据报道，教育规划纲要的制定历时两年，成立了五百多位学者参加、两千多人参与的11个专题组，组织了上百人的专家咨询队伍，向全社会征集了210多万条意见和建议，召开了各个层次、各个专题的座谈会数百场，树立了当代中国教育民主决策、民主协商的光辉范例。中国是一个教育大国，各地教育事业的发展水平不同，需求不同，存在的实际困难也不同。在中国这样一个国家搞教育规划和教育改革，其困难程度要大过世界上任何一个国家。没有广泛的民主参与的过程，决策者要全面、准确地把握最有价值的政策问题，制定和执行高质量的教育事业发展规划或教育改革政策，这是不可能的。

第六，在教育改革的全过程，进一步促进广泛和深入的家长参与和社会参与。教育是最大的民生，也是社会公共事业。教育怎么办？怎么改？

不能只由教育行政部门和学校说了算，必须以更加开放的姿态，鼓励和吸引更多社会个体、家庭、企事业单位等关心教育改革。在一些国家，企业和社会组织召开教育峰会，就教育改革发表意见，提出建议，是很常见的事情。在我们国家，目前尽管可以听到一些包括家长、企业界、政府非教育部门、新闻界等等关于教育的意见和建议，但是它们自主地组织起来，理性地讨论教育问题还是不多见。应该说，这些社会组织是天然的教育同盟军，是教育改革的有生力量。它们不仅可以提出自己对于高质量教育和教育改革的观点，而且可以发挥自身的资源优势，为学生的实践学习提供更加丰富的资源。促进教育改革的社会参与，有利于打破学校作为“教育孤岛”的局面。教育的问题大多数有其社会根源或成因，教育改革本质上需要其他相关社会系统的积极和深度参与。对于教育体系自身而言，那种动辄以种种借口把学生禁闭在围墙之内，将家庭和社区排斥在教育改革之外的做法是违背民主原则的，也是违背教育原则的，更不利于形成有利于教育体制机制改革的社会支持网络。

总结以上我的发言，可以用三句话概括：第一，经过这些年尤其是教育规划纲要颁布实施五年来的努力，我国教育体制机制的民主化程度已经有显著的提升。第二，目前我国教育体制机制的民主化仍然存在着很大的提升空间，应当作为“十三五”教育事业规划、全面深化教育改革的一个重要内容或指导性理念。第三，建设更加民主的教育体制机制，是一个比较广泛和长期的任务，需要扎扎实实的工作和不懈的努力，既不能急于求成，也不能知难而退。最后我想再次呼吁，建设更加民主的教育体制机制，进一步释放整个教育体系的活力，造就千千万万合格和卓越的社会主义公民，是这个时代赋予中国教育界的伟大使命。

愿与会教育界同仁及一切关心教育改革的同志们深切体察，共同努力！

张志勇

山东省教育厅副厅长

中国教育学会副会长

国家督学

教育部基础教育课程教材专家委员会委员

新人口红利

——中国教育创新发展的新使命

党的十八届三中全会决定放开单独二孩两年不到，党的十八届五中全会又决定全面放开二孩的人口增长政策，经济学界认为中国的老龄化社会快速到来，中国劳动力短缺已经成为经济社会发展面临的重要障碍。那么，作为一位教育学者思考中国的人口政策问题，我们要做出的回答是：到底是“人口数量红利”重要，还是“人口质量红利”重要？我们的结论是：“人口质量红利”是中国未来经济社会发展最伟大的红利。

一、传统人口红利的消失

长期以来，经济学界认为，人口红利是支撑当代中国经济快速发展的重要因素之一。

由于计划生育政策的深入实施，以及伴随着经济社会发展人们生育观念的变化，我国人口生育率长期保持在1.4—1.5的水平，远低于其他发展中国家。20世纪80年代以来，我国0—14岁少儿人口比重不断下降，老年人口比重不断上升。2000年，0—14岁人口比重比1982年下降了近11个百分点，65岁及以上人口的比重则在上升，少子化的速度超过了老龄化。

随着我国人口老龄化速度的不断加快，我国劳动力人口自从2012年出现拐点后，总量持续下降。国家统计局数据显示：2014年，16周岁以上至60周岁以下（不含60周岁）的劳动年龄人口9.16亿人，比上年末减少371万人，这已是第三年连续下降。

基于以上数据，支撑我国经济社会发展的传统人口红利已经消失，成为经济学界的共识。

二、呼唤新人口红利

如何应对传统红利的消失对我国经济社会发展带来的长期的战略挑战？经济学家特别是人口学家开出的一个药方，就是调整我国的计划生育政策，即先后放开单独二孩和全面放开二胎政策。

中国经济社会发展已经进入新常态，这个新常态，一个题中应有之意，就是我国经济社会发展面临的资源、环境、人口约束越来越大，不可能再保持过去那么高的发展速度。

那么，究竟应该如何看待我国经济社会发展面临日益严峻的约束条件？2015年12月5日，李克强总理在主持召开国家科技教育领导小组会议时强调：中国要创新发展方式、调整经济结构，关键要发挥人力资源的作用，而人力资源很大程度要靠科技引领，靠教育支撑。“教育要在保障公平和提升质量两方面，‘十三五’期间实现突破。”“我国最大的优势就是‘人’。我们受过高等教育和有专业技能的人才总数超过1.5亿，比很多国家的人口总量还要多。这可以形成世界上最大规模的人才队伍，也是我们科技创新广袤的‘沃土’。”

显然，制约中国经济社会发展的最根本的因素，还是人的因素。而这里的人，不是简单的人口数量的多少，而是接受过良好教育、具有良好素养的国民。推动中国经济社会发展的人口红利，应该从传统的人口红利——以年轻劳动力在整个人口中占比高取胜，走向新人口红利——以人口素质高取胜。或许可以说，通过高质量的教育供给更高质量的国民，这将成为我国经济社会发展从要素驱动进入创新驱动新阶段之后最大的红利。

事实上，提高我国人口质量红利在我国经济发展中的贡献率具有巨大的空间。有学者统计，在整个改革开放时期从1978年到去年（2014年）为止，分解中国GDP的增长，资本贡献率是71%，劳动贡献率是8%，人力资本贡献率是4%，人口抚养比下降对经济增长的贡献率是7%，全要素生产率是10%。

统计显示，1960年时，被世界银行列为中等收入的国家有101个，到2008年，只有13个迈入高收入国家门槛。人们的研究发现，在低收入阶段到中等收入阶段的发展过程中，基础教育发挥着重要作用；而从中等收入到高收入的发展阶段，教育质量相比于教育数量、高等教育相比于基础教育、高级技能水平相比于基础技能水平，对于成功跨越中等收入陷阱具

有更重要的作用。（李立国、黄海军，《光明日报》2015年12月08日13版）

在这里，我们呼唤通过教育的改革创新创造以下四个方面的“新人口红利”。

1. 提高国民人均受教育年限

随着我国各级各类教育的快速普及，我国人均受教育年限不断提高，但是和发达国家仍然有较大差距。发达国家的人均受教育年限，加拿大为14.6年，澳大利亚为14.4年，英国为14年，芬兰为13.5年，美国为13.4年，法国为13.1年，日本为11.1年。这些国家也都是义务教育起步最早的国家。2010年，我国15岁以上年龄人口的人均受教育年限为9.1年，低于上述经济发展水平相对较高的国家。

2. 提高国民创新素养

世界经济论坛《2014—2015年度全球竞争力报告》显示，我国竞争力排全球第28位。其中，创新排第32位，基础教育排第46位，高等教育和培训排第65位。不足和差距主要是：

（1）创新意识不强，动力不足；

（2）创新人才培养力度不够；

（3）科研创新水平的转化效益不高；

（4）鼓励创新的政策不配套，评价不完善；

（5）激发创新的文化氛围不浓。

3. 提高国民人文素养

我国面临的一系列重大社会问题，越来越多地可以从国民的人文素养不高上找到其根源。国人广泛关注的林森浩投毒案给我们什么样的启示？林森浩在黄洋住院期间多次到医院看望，他为什么不能把真相告诉黄洋，以挽救黄洋的生命，同时也许改变他自己的命运轨迹？林森浩对记者的答复是：他不具备那样的层次、那样的修养……他还说过，自己与黄洋并没有多么大的矛盾，之所以向黄洋投毒，说明自己对生命的尊重不够。这一切告诉我们，在林森浩的人生悲剧中，我们看到了人文教育缺失的影子。

我认为，可以把国民平均读书量作为评判一个国家人文素养高低的重要尺度。2013年，世界读书日前夕，官方公布我国成年国民人均纸质图书阅读量为4.77本，与数量为64本的以色列相差达13倍之多。最近大家一直在报道以色列是一个创新的国度，全世界犹太人1700万人，占世界人口的0.3%，获得的诺贝尔科学奖占22%。

以色列卓越的创新能力与国民读书造就的人文素质有没有关联？以色列孩子一岁的时候，母亲就开始给他讲圣经，两岁的时候开始翻圣经。以色列母亲们给孩子读圣经时有一个传统，就是在圣经上抹上蜂蜜，孩子翻过书之后，手指放到嘴里，让孩子知道读书是甜的。

4. 提高国民身心素质

尽管最新的国民体质调研结果告诉我们，我国青少年身体素质持续下降的局面已经得到扭转，有的指标正在向好的方向转变，但是我国青少年身体素质整体形势仍然难以令人乐观。更让人担忧的是我国青少年的心理素质，基础教育质量监测机构的监测结果表明，我国青少年具有抑郁倾向的比例远高于世界常模。

我国青少年身心健康水平不高，给国家未来发展，给青少年本人带来的危害、埋下的隐患是巨大的，不仅影响未来公民的生活质量、生命活力，更影响一个国家的创造活力，给这个国家带来日益沉重的医疗和社会保障成本。

三、新人口红利呼唤教育创新

国家教育规划纲要中期评估结果表明：2014年，我国学前三年毛入园率为70.5%，达到中高收入国家平均水平；小学净入学率为99.8%，初中毛入学率为103.5%，义务教育普及率高于高收入国家平均水平；高中阶段教育毛入学率为86.5%，高于中高收入国家平均水平；高等教育毛入学率为37.5%，超过中高收入国家平均水平；主要劳动年龄人口人均受教育年限进一步提高，其中受过高等教育的比例达15.83%。学者们认为，这表明我国教育事业总体发展水平已经进入世界中上行列。

如果说，改革开放以来，我国各级各类教育的快速普及，给人民群众提供了日益丰富的受教育机会，造就了一代具有一定知识水准的公民，以人力资源大国支撑了我国经济社会30年的快速发展的话，我国经济社会发展进入新常态，创新成为第一驱动力，要突破中等收入陷阱，实现经济结构从低端制造业向中高端制造业转型，经济发展方式从要素驱动向创新驱动的成功转型，必然要求我国教育发展从以普及为核心的外延发展走向以质量提升为核心的内涵发展新阶段，这呼唤着又一个伟大的教育创新时代的到来！

1. 建立教育发展约束指标

作为一个地方教育行政工作者，我认为对中国教育影响最大的指挥棒是政绩观。各级政府考核评价教育的核心指标到底是什么？如果考核评价指标指向的不是教育的本质，那么这个地方的教育必然是扭曲的。在这里，我们强烈呼吁把教育投入、教师工资待遇、学生身心健康和青少年犯罪率等指标纳入各级党委政府教育政绩考核的约束指标。

2. 完善教育公共服务体系

义务教育作为我国的基本教育公共服务，在均等化和标准化方面取得重大成就，但是我国的基本教育公共服务存在三个问题，就是公共服务的特殊化、差别化、精准化不够。迫切希望在以下五类儿童教育方面完善我国教育公共服务体系，即贫困家庭儿童、农村留守儿童、进城务工随迁子女、特殊教育儿童、学习困难儿童。我们必须为这五类儿童提供特殊的、差别化的、精准的基本公共服务。

3. 呼唤专业自主权

这里，包括两个方面的自主权：一是教育者的自主权，包括地方教育局长、中小学校长和广大中小学教师。二是学校法人自主权。可以说，这两个方面的自主权都没有得到应有的尊重，有的甚至处于严重的缺位状态。我们呼吁：完善教师职业资格制度，建立校长、地方教育局长任职资格制度，依法赋予教师专业自主权、校长办学自主权和地方教育自主权。

4. 用中高考改革驱动整个教育改革

现在整个基础教育和高等教育链条之间的人才培养通道是断掉的。管华诗院士曾说："中国海洋大学海洋专业的学生入学分数很高，但培养潜力不大，因为他们缺乏对海洋的兴趣，缺乏一定的海洋专业基础，更缺乏海洋专业发展的志向，对于毕业后是否从事海洋领域的工作，也很茫然。"可以说，基础教育与高等教育之间的主要连接方式就是分数。我们希望通过中高考改革，打通基础教育和高等教育之间的人才培养通道，具体说，就是通过兴趣、专业和实践三个方面的对接。所谓兴趣就是要给孩子学习选择性，所谓专业就是要加宽加厚学科专业基础，所谓实践就是要通过研究性学习、项目学习等奠定专业学习的能力基础。

5. 全面推进教育治理体系现代化

要激发教育的创新活力，必须全面推进教育治理体系创新。从教育宏观管理讲，打破高度集权又高度分割的教育管理体制，建立分权合作治理机制。我们现在对教育人士的管理、教育财政的管理、教育事务的管理是高度集权的，人事、财政和教育之间是高度分割的，这两个"高度"造成非常僵化的教育管理体制，要建立分权合作治理机制。从教育微观管理讲，打破学校内部官本位的科层制管理模式，全面推进现代学校制度建设。从教育治理手段讲，全面创新教育治理工具，大力推行依法治理、专业化治理、信息化治理、公开化治理、第三方治理、绩效考核，等等。

方展画

浙江省教育科学研究院原院长

浙江大学教育学院教授

国家督学

办学的“标准化”思维与创新的“去标准化”诉求

各位嘉宾大家好！我原先提供的题目中用的是“‘标准化’取向”，定稿时将“取向”改成“思维”，因为目前在学校中，标准化思维方式无所不在，每每用各种各样的“标准”规约各种各样的“行为”，这种思维方式很不利于我们培养学生的创新能力和创新精神。

事实上，当下我们学校教育“目中无人”现象受到越来越大的关注。学校管理的规约性和个体成长的多样性之间固有的矛盾一直是存在的，自古以来“因材施教”作为教育的理想始终难能真正“落地”，真正成为教育的基本准则。这种矛盾，在后现代时代，在互联网时代，表现得比以往任何时候都更加尖锐突出。互联网的开放性、选择性、自主性，凝聚着创新最为本质的元素，互联网时代的教育迫切地呼唤着创新型人才，“去标准化”已成为学校教育改革最强烈的“诉求”。

我们国家很长时间内走的路径是“穷国办大教育”，办学的标准以及由此而来的规范意识，在不同程度上被罔顾，一切服从于“有书读”目的。这在特定历史阶段，是需要的，甚至是必要的。但是，这种情形下，也出现许多问题，尤其是必要的办学条件得不到保证，影响着教育的可持续发展。最近国家教育部制定了西部欠发达地区薄弱学校攻坚计划，规定了若干个“底线”，其中就有必须做到一个人一张桌子，一人一张床，这说明目前至少在西部一些地区还不能做到一个人一张桌子，学校还不能做到一个人一张床，可能两三个人睡一张床。此外，教育中出现了很多乱象，诸如大班化、择校热、乱收费、补课风等等，也与此有关。当我们日子好过了，我们国家强盛了，我国的经济发展水平迅猛提升了，我们老百姓强烈要求读好书了，提高教育质量成了当务之急。于是，各级教育行政部门开始“纠偏”，开始制定并实施各种各样的办学标准、各种各样的教育规范，而且在各种各样的行政督察下面，通过各种评估，通过各种建设项目，切实改变了学校教育的办学条件和办学规范，使规范意识、标准化意识得到了空前的强化。

经过一番轰轰烈烈的“拨乱反正”之后，我们感到似乎又可能存在着“矫枉过正”的问题。原来不注重标准或者没有标准，我们现在所有的一切都要有“标准”，标准和规范被泛化了。教育标准观成了学校教育最为核心的理念之一，现在学校里面用得最频繁的词就是标准化了。由于过分强调标准，刚才有专家也说了，现在学校没有特色，千校一面，万教一法，已成为教育新的困局。在这一困局之下，以学生为主体、以人为本，诸如此类的理念难以形成现实的土壤，因而也难于真正深耕于校园，深耕于课堂，浅尝辄止。

倘若进行一些反思，在追逐“标准化”的过程中，我们至少存在着两个认识上的误区。

第一个误区：将标准等同于质量。在学校里，校长嘴巴里挂得最多的也是念念不忘的就是“达标”。这个“标”是谁制定的？是教育行政部门。各级教育行政部门为了推动教育的发展，设置了各种各样的标准，而且要求检查，评估，督导。当不断地出台教育的标准，不断地提高标准的要求，将标准与质量直接挂起钩来，“达标”事实上取代了因地制宜的改革。现在制定的种种标准，由于考虑到它要具有可操作性、可检查性，所以相当一部分标准是显性的标准，是对教育硬件的标准，如场地大小、校舍面积大小、图书数量、设施设备、学校规模等等，所以有意无意之间使得提高教育质量的努力走向功利，走向偏道，因为有许多标准甚或是多数标准，细细看来并不是教育质量的充要条件，与教育质量并不存在高相关性，过多过滥的“标准”将会侵蚀改革的红利，使提高教育质量的努力陷于事倍功半。

现在的校长都在热衷于干什么？热衷于学校的硬件建设。学校的内涵性发展、教育质量的提高，多半还停留在口号上，还没有在真正意义上付诸规划和实施。我们很多校长的主要精力还是花在找经费上，花在购设备上，花在如何建气派的塑胶跑道、买最新的电子设备上。似乎是学校的硬件足够“强大”，“标准化”建设足够“实力”，教育的质量也就足够“领先”。这是一个非常大的误区。

第二个误区：标准泛化，用形形色色的规范强求一律。在“标准化”思维下，行政部门和学校致力于制定各种各样的规范，教学规范、行为规范、课堂规范、作业规范、待人接物规范等等。连学生做作业这样极为个性化的行为，教育行政部门也要“规范”化，规定不同年级段学生课外作业的不同“标准”。初衷应是好的，是为了“切实”减轻学生过重的课业负担，但这个作业时间能有标准吗？能真正做到“规范”吗？某个作业对甲学生来说需要30分钟，对乙学生来说可能不需要30分钟，对丙学生来说可能30分钟还远远不够。这是一个妇孺皆知的事实，基于这样的事实，“课外作业规范”有意义吗？现在学校里面的规范有些是很荒唐的。如男女同学之间的距离不能超过多少厘米，我们有学校这样规定。我刚刚看到某高职院校大学生文明行为的规定，要求大学男生给女同学递矿泉水时必须要把盖子打开，以体现绅士风度。如果我们把学生的行为规定得这么细，规定得这么明确，我们教育的活力在哪儿？教育的价值和意义在哪儿？授之以鱼和授之以渔的道理在哪儿？现在学校教育的问题是绝对化的规范泛滥。

大家有没有注意到一个现象，在全国各地的小学里头，你走一百所小学，九十所小学在它的楼梯上面有两排脚印，右边的向上，左边的向下。这显然在提示小学生，你上楼必须走右边，不能走左边，你必须从右边上去，左边下来，这是规范。但到中学呢？没有了。到大学，没有了。中学生和大学生的“走楼梯”规范荡然无存。这样的“规范”有意义吗？同样的“脚印”，也出现在很多宾馆，但放在上楼梯前，并且放在中间，它是在提醒我们的过客要注意前面是楼梯，前面你要小心，不要绊倒。同样是“脚印”，理念却截然不同！更严重的是，当我们的学校整天想着要规范学生，想着要将各种规范“精致化”，希冀能够通过巨细无遗的规定，塑造出一个符合我们社会愿望的人来的话，教育必将走向僵化和低效。

标准化思维导致了学校管理中的三大问题。

第一，结果高于过程。一旦事事有明确的标准，我们就会用标准来衡量一个教育行为、一个教学活动、一种教学方法的价值或成功与否。我们关注结果，不关注过程。这个结果怎么获得的，我们不管；用什么方式达成的，我们不管；我们只管结果是否合乎标准。在很多情况下，这就导致了直接的功利性的就事论事方式。最典型的就是应试教育。我们就是看考试的结果（成绩），看学生考试成绩是否达到预先设定的“标准”。考试没考好，就补课，就补作业，就去找家教；我们没有研究这个过程对学生有没有意义，没有分析这个过程是否能真正解决学生的学习困难。其实，90%的校长和老师是知道单单凭补习是没有用的，但现有的教学规范就是“查漏补缺”。“漏”什么？“漏”知识。所以，“补”什么？自然是“补”知识。于是，题海战术、加班加点战术，在学校里屡试不弃。

第二，规范重于创新。现在学校基本上是生活在规范之下，“规范”文化大行其道，我们学生的手脚都被捆住了，这是另一个非常严重的问题。今天我们讨论创新时代教育怎么办的时候，这是需要正视，并且需要去改革的地方。当“创新意识”遭遇“规范文化”，在某种意义上，两者是水火不容的。如何在学校教育管理中，如何在学生行为引导上，大力鼓励创新，大力培养创新能力，“去标准化”理应成为教育改革的新取向。

第三，一统取代多样。学校按照同一种模式、同一种思路去做，学生的行为按照同一种标准、同一种要求去规范，传统教育为我们展示的是大一统的“制造”模式。这种模式的弊端，很多专家都已提到，这里就不再展开了。

最近，中共中央关于“十三五”规划提出了一个建议，建议中明确提出，“深化教育改革，把增强学生社会责任感、创新精神、实践能力作为重点任务贯彻到国民教育全过程”。这是我们感到非常欣喜的一个方面，最高决策者已经注意到了教育需要有新的增长点。无论是“社会责任感”，还是“创新精神”，还是“实践能力”，从根本上来说，都不是能通过“标准化”来实现的，都不是能加以“规范”的。其实，学校教育最需要的“规范”是“因材施教”的“规范”，但一直以来都没有这样一个“规范”。为什么？因为一旦“因材施教”被“标准化”了，被“规范化”了，因材施教就只能是行尸走肉了。

标准化，追根溯源，它是工业革命的产物。标准化是基于“制造”的，而不是基于“创造”。它的特征是批量生产、标准件生产。我们的教育具有一种先天的工业情结，你看，我们将培养人的方式称为“塑造”，将教育者称为“（人类灵魂）工程师”，将培养目标解读为“培养规格”，将教学准备过程称为“教学设计”，凡此种种，都是工业革命的“制造”模式的衍生物。

最后，我阐述一下个人的观点。在学校教育中，必要的标准和规范是需要的，也是必须有的。但是，不能将标准和规范绝对化、无条件化，不能一味奉标准化和规范化为学校教育“尚方宝剑”，顺我者昌，逆我者亡。教育要留白，教育要追求个性化和特色化。教育要努力营造多样化的生态文化。即便是十年树林，也要树千姿百态的生态林，而不是整齐划一的人工林。要实现这一诉求，要因势利导，要取消标准化的思维模式，让创新型人才在生态化、多样化的教育环境中脱颖而出。这是我的观点。谢谢大家！

张志勇

方展画

杨东平

石中英

周洪宇

回答与讨论

张志勇：

谢谢各位给我们这样一段互动的时间。我想时间有限，大概15分钟左右。哪位嘉宾开出第一枪，向我们几位专家提出问题？

提问：

谢谢主持人。我的问题是请教最后一位演讲的方教授，在刚才您的演讲过程当中，您说标准不等同于质量，标准也不能泛化为规范，我的问题是您认为标准是什么？

方展画：

从教育来说，我们的教育标准是一种底线思维，是一种办好教育基本的条件，而不是教育质量的本身。为什么我讲标准化思维呢？不仅仅是针对我们现在所出的一些具体标准、具体规范，我们在办学的时候，我们在管理学校的时候，都有一种统一的、外在的标准来制约我们教育的行为，它的后果是很严重的。

举一个例子来说明它的后果。曾经两三年以前，美国有个教师叫雷夫，他在国内很有名，他到杭州演讲，在演讲之前有个热身，小学生给他跳舞，跳完以后，雷夫演讲。他发现我们十几个学生在舞台上跳舞跳得非常好，非常优美，非常有水平，但是我们的学生跳完以后，停下来眼睛齐刷刷地看着我们旁边右侧，那边有谁？那边有班主任。他们期待着班主任赞赏的目光或者期待班主任对他们跳舞跳得好还是不好的评判，他们自己没有定义，自己没有标准，没有信心。这就是我们标准化思维和我们规范化思维对我们学生发展造成的负面影响。我们说办学条件，起码的场地、起码的教室、起码的设备都需要，但那个不是最重要的。你说有塑胶跑道，教育就好吗？不一定。我们现在学校里头把标准看成是质量，这是一个误区，非常值得我们去反思，去反省。

张志勇：

这个问题我也很受启发，我想我们是不是可以这样来理解，刚才方教授做了一个演讲。就我个人理解来讲，标准化是不是更多应该指向政府公共资源供给的均等化和标准化，在这个问题上，我们会有共识的。但是方教授讲的是另外一个话题，就是我们对孩子的教育和管理不能动辄用这套标准化的模式来框限我们生动活泼、具有个性创造力的孩子，这个是我们当前教育一个重大的问题，这是一个话题。

提问：

教育是大众品，但是我感觉到这里民办教育缺席。我就请问在座的各位，在创新教育体制机制过程中，民办教育是否应该发挥更大的作用？我想请教杨东平杨教授，您对民办教育怎么看？对民办教育的未来前景您怎么评价？谢谢！

杨东平：

民办教育在很长时间内我们是把它作为弥补教育资源的不足来兴办的，但今天我们对民办教育的功能必须有新的认识。民办教育的意义不仅仅在于拾遗补缺，而在于提供多样化、选择性的教育。但是在这方面，民办教育显然没有履行这个职能，它在和公办教育在应试教育的轨道上竞争，所以它现在完成不了这个责任。现在教育创新的功能主要是由体制外的“黑学校”在承担着。

张志勇：

杨教授这个回答，还有这位嘉宾提出的话题是说，我们民办教育不应该是资源供给的补充，它更多的应该是充当体制创新中一种激活公办教育的力量。民办教育恐怕承担着非常重大的责任和使命。

石中英：

我再补充一下。我觉得民办教育不仅是公办教育的补充，它也是创新的产物。现在民办教育之所以发展不好，有一个理论问题没有得到很好的澄清，就是谁有教育的举办权。从历史上来看，社会民间保留有教育的举办权，可是现代化以后，民主国家的教育主办权主要就转移到了政府的手中。民办教育要想进一步发展，必须有法律来保障这种权力得到实现，不被干预，这可能是民办教育进一步发展的一个条件。

张志勇：

我想做一点补充。我们正在探索一个新的公共教育供给的模式，就是政府购买服务。我觉得从杨教授刚才介绍的这些西方发达国家的公办学校的办学体制改革来讲，其实是政府购买服务，向民间购买，向第三方购买，向民办教育购买。我觉得这是我们整个公共教育资源供给的一个重大的体制创新，应该有很大的空间。

杨东平：

我们著名的朱永新教授搞新教育实验，他和北京市合办了两所学校，都无疾而终，什么原因？没有授权，没有充分的自主权。为什么像这样的教育家，还不放心让他办学，还需要天天开会？我们缺乏一个制度设计，像刚才讲的契约学校，通过一个契约，保障学校和教育家的权利。我们非常希望有条件的地区能够开展这个试点，北京市每个区拿一所小学做试点，全北京就有几十所学校，全国就有几千所学校，就可以启动。

提问：

杨教授您对奥数的批判，到今天产生了很大的认可。我想问一个问题，如果作为基础教育的公办学校，怎样在体制中去寻找突破点去创新，来激发公办学校的办学活力？另外周主任我想问您一个问题，关于教育立法，没有高中阶段的立法，五中全会提出全面普及高中教育，那么高中教育在全面依法治国的道路上，我们的路在何方？

杨东平：

我先回答第一个问题。公办学校是国家教育的主体，如何激活公办学校是一个很大的命题。即便在现在的体制机制环境下，仍然有不少公办学校做出了不同凡响的改革，比如十一学校、清华附小，比如武侯学校。说明现在我们最短缺的其实是教育家精神。只要有这种精神，我们可以做一些因地制宜的改革，并不是完全没有空间的。

周洪宇：

高中教育是我们基础教育的一个重要的阶段，目前中央提出来要加快普及高中教育，这是一个最新的表述。目前高中教育没有单独提出来要制定高中教育法，关于要不要制定高中教育法，在学术界，在我们教育界，都是有不同的意见。有的人认为既然有义务教育法，有高等教育法，为什么不应该有一个高中教育法？这样的提问是有道理的。但是也有人有这种观点，就是认为高中可能会随着发展，在未来纳入到义务教育的范畴，如果是那样的话，现在贸然提出一个单独的高中教育法，是不是有点不太成熟？这是一种观点。不是说它不应该立，或者应该马上立，而是大家对这个问题没有共识。

刚才我在谈教育立法的时候也谈到一点，在教育立法当中，对于立什么法，不立什么法，有一个前提，就是社会上要有共识。或者说在这个问题上，要有一种倾向性的意见，认为非得立不可。目前，好像这种倾向还没有出现。当然未来会不会出现，比如现在这么重视高中教育，会不会出现，现在还不好预测。但是不管立不立这个法，未来高中的健康发展都是要解决的问题。

提问：

我的问题是给张厅长的。您讲到了一个重要的问题，就是人口红利和教育红利。我个人有一个问题，如果我们国家继续沿着应试教育的方向走下去，我们的人口红利会被教育体制吃掉。我们现在怎么样让一年两千万人，就是16岁到18岁的劳动力进入我们的教育体制里头？两千万的人口比很多国家的人口还多，但是我们教育体制对国民经济的贡献是不大的，怎么样才能真正地使这两千万人焕发出应有的活力，甚至得到国家建设的活力？我们教育体制在扼杀实践能力、动手能力、劳动能力、创造能力以及思想力，这是我们国家教育体制必须回答的问题，张厅长您也一直在呼吁。

张志勇：

我今天发言的主题就是想改革我们的基础教育整个教育体系，来贡献新的人口红利。我今天想讲的就是这样一个主题，如果我要做一点补充的话，像我们一大批公办学校的改革，像我们民间学校的力量，这两股力量都在共同汇聚成一种力量，来推动我们办学体制改革。我们呼唤教育家精神，我想我们有了教育家精神，有了一种体制创新，再有对民间教育力量、对各方力量自主权的一种归还，我们教育贡献新的人口红利是越来越好的一种局面，我们是有信心的。

提问：

我想请教张厅长一个问题。您说要增强教育活力，这个活力应该是建立在公平的基础上，就现在的高考教育制度来讲，首先怎么样才能达到一种公平？举个例子，我是山东的学生，什么时候我们山东的孩子不用去享受那么不公平的待遇，比别人高那么多分，去挤那几个名校？或者我们要想破头，去做高考移民，我们山东自己办大学行不行？或者江苏的孩子自己去办大学行不行？你看这方面有没有什么办法可以解决？

张志勇：

我们说高等教育公平是一种机会的公平。你讲到的山东孩子分数高，大家都觉得我们山东孩子是吃亏的，山东的竞争是很大的，这与人口有关系，横向是没办法做分数比较的，因为各省命题不太一样。今天出来的山东孩子都在抱怨山东的孩子吃亏，在这个问题上是两说，一方面我们真的要扩大我们的优质高等教育资源。你说的山东应该更多办大学，我们也在努力，我们要办更高水平的大学，这是一方面，资源供给。但是最关键的教育公平，实际上是我们高考改革，我们在保障不同人群的教育公平。我们通过我们统一的一种高等教育公平的入学机会，来保障不同地区的公平。我们现在高考移民，包括我们对国家贫困地区招生专项的政策，都是在推进高等教育入学机会的公平。还有包括缩小各省之间的一本比例，包括总的录取率的比例，大家都可以看到，在这些教育公平方面我们还是在积极地推进。谢谢！

时间关系，刚才已经提醒我们时间到了，感谢几位嘉宾的精彩回答。谢谢各位的倾听！

如何通过技术创新促进教育创新?

朱永新

中国民主促进会中央委员会副主席

第十二届全国政协副秘书长、常务委员会委员

中国教育学会副会长

苏州大学教授，北京大学、北京师范大学、同济大学等校兼职教授

新教育实验发起人

著有《朱永新教育作品》（16卷）、《给中国教育的100条建议》《我的教育理想》《新教育》《我的阅读观》等

创新教育才能创造未来

——在中国教育三十人论坛上的讲演

各位同仁、各位朋友：

大家下午好！

前两天，大家都很关注一个新闻，在浙江一个小镇上，全世界互联网大佬们聚在那儿，讨论互联网世界的未来。这件事惊动了总书记，他亲自到会，讲了我们互联网的主张，怎么实现互联互通，共享共治，建立网络空间的共同命运体。

也就在前两天，我看到杨东平主持的一个全国农村小规模学校联盟年会上，有一个老师发了一个消息，讲了他们学校的故事。他们学校有个留守儿童不小心吃了一只蟑螂，奶奶就发慌了，怕这只蟑螂在他肚子里面活动，就拿蟑螂药给他灌下去，给小孙子喝了。

这两件事情看来毫无关系，但是给我的触动还是很大的。

首先是感叹互联网的力量，因为互联网事实上已经改变了这个世界，改变了我们的生活。总书记在乌镇会议上宣布我们中国的互联网网民规模已经到了6.7亿，网站达到413万，我们互联网普及率将近50%，这是一个全世界最大的数据。而网络购物用户中国已经超过了3.61亿人，以淘宝为代表的电子商务已经彻底颠覆了传统的商业模式，建立了以消费者为中心的新的商业社会。

我就在想：教育的“淘宝”何时可以诞生？以人为中心的新的教育模式何时能够形成？这是摆在我们面前一个非常迫切的问题。同时我也感慨那位老奶奶的无知，这当然和我们的教育是有关的。刚刚山东省教育厅的张志勇副厅长讲我们的教育根据各种数据显示，已经达到甚至超过了中高收入国家的水平。我觉得应该辩证地看这个问题。我们无疑是一个人口大国和教育大国，但是离教育强国还有很长的路要走。

一个最直观的感觉，就是大家对教育不满意，怎么说我们是教育强国呢？有人说，全世界对教育都不满意。美国人对自己的教育也不满意，日本人对自己的教育也不满意，但是他们不满意的内容和我们不满意的内容是不一样的。大家对教育的抱怨很多，对教育变革的期待很大，怎么样去变革？我想只有创新，只有创造。有人曾经说过，未来不是我们要想去到达的地方，而是我们要创造的地方。创造未来是摆在我们教育工作者面前一个非常急迫的任务。怎么创造？我觉得互联网提供了一个很好的平台。

事实上，从信息技术产生以来，人们一直努力在探索变革教育。它分三个重要的阶段，一个是工具与技术的变革，一个是教学模式的变革，一个是学校形态的变革。我们知道最初人们都是在工具层面上、技术层面上去改变教育，电化教育、演示文稿课件等都是技术层面的变革。后来发现教育模式必须变革，才有了慕课，有了翻转课堂。但是这些对教育还没有产生根本性的影响。一个很重要的原因，就是没有进入到第三个层次，就是学校形态的变革。正如美国前教育部长邓肯曾经说过的那样，我们在教育上的投入不能算不多，包括教育信息化的投入，但是远远没有产生像在生产和流通领域那样的效果，根本的原因在于“教育没有发生结构性的改变”。

我觉得这是一个很值得我们思考的问题。淘宝出现了，商业模式改变了，才有了真正的基于互联网的新的商业业态。教育也面临着一个结构性的变革。教育结构性的变革，刚才杨东平老师讲述的故事给我们提供了一些信息，大家已经感受到变革在悄悄地来临。变革已经发生在世界各个角落，包括中国，各地的小规模学校、民间的教育变革探索等，他们都在进行结构性变革的尝试。

我觉得，事实上我们已经处在一个教育结构性变革的门口。能不能真正地开始变革与创造，取决于我们有没有勇气推开这扇门。推开了，教育“淘宝”就来了。更重要的是，我们不能跟在人家后面走。你跟在人家后面走，人家做慕课，我们也做慕课，人家做翻转课堂，我们也做翻转课堂，你永远超越不了，我们只有弯道超车，只有发生结构性的变革才行。

未来的教育，基于“互联网+”的教育，应该从三个层面来进行变革。

第一，要努力建立真正以学生为中心的教育社区。这一点讲起来很容易，其实是非常艰难的。因为，我们现在整个教育体系是建立在工业革命的基础上的，它是主张大规模，强调效率优先，主张以知识传播为主要目的，这些一直没变化。而这个东西不变，教育的“淘宝”是无法登场的。必须把以知识为中心改为以学生为中心。现在的学校，不管你住在哪里，你必须早上按时定点到学校来，准时学同样的内容，恐怕这个得变。我想未来可能无论你在什么地方，城市还是乡村，你不用每天按时定点到学校了，没必要了，你可以在家里学习。现在美国在家学习的学生已经到了150万，中国目前还没有承认这样的制度体系，如果承认了，可能会有1500万，甚至更多。

为什么学生不能够在家里学习，在图书馆学习呢？为什么要把不同学习基础、不同学习兴趣、不同学习习惯的人强制性地安排在同一个教室呢？我去北京中学，夏青峰校长给我介绍，他的学校里很多学生不需要在教室里上课，可以在学校图书馆里自由学习。这样做为什么不可以呢？未来的学校，完全可以通过网络来学习，通过团队来学习，自己来解决学习过程中大部分的问题。一人一张课程表，随时调整内容，未必像李希贵校长在十一学校做的那样，一个一个教室跑，非常忙碌。

在未来，无论你在哪所学校，无论你在城市还是乡村，都不必按部就班地学习各门课程。而是基于个人兴趣和问题解决需要而进行的自主性学习，是大规模的网络协作学习。学生可能不再需要我们为他提供一个非常完整的知识结构，而是在完成自己最初的知识结构以后，通过自主的学习，建构他能够满足自己学习的个性化的结构。现在我们给他设计的这个知识结构太庞大了，太艰深了。造成了大部分的学生陪着少部分的学生在学习。这种模式要打破了，国家只需要给一个最基本的要求就可以了，学分、学历、学校未来都不重要，重要的是你学到了什么，你分享了什么，你建构了什么，你创造了什么，这才是最重要的。

所以，事实上我们即将进入一个“后学校”时代，学校的概念变成学习中心了。未来的教师也变成了成长的伙伴，扎克伯格提出未来的教师是自由职业者。前新东方合伙人陈向东最近办了一个跟谁学，最年轻的教师十岁，教英文，能者为师，三人行必有我师。未来的教室可能是个讨论室，可能是个学习室，标准化的教育将会转向定制化的教育和个性化的教育，这就是一个未来的教育目标。

第二，我们要建立教育的国家标准和国家教育资源库。首先要建立国家教育标准。为什么呢？因为学习方式的变革，对学习内容会提出更高的要求。不管怎么样，教育越是自由，越是定制，越是个性，越是需要你建立高效优质的学习中心，越是需要国家力量的整合。教育是什么？教育文化的选编。要传授我们这个国家、我们这个民族所崇尚的价值观。这个选择国家是有责任的，必须建立国家标准。这个国家标准要科学。现在最关键的，我们不能让少数人来制定这样一个标准。这个标准应该更科学，应该更个性，应该有最低限度的要求。现在的教育内容太深太难，教育很多问题就是因为我们标准有问题。其次是教育资源问题。你定了标准以后，提供什么资源？现在这种资源的提供方式也是有问题的。最好的东西在哪里？茫茫大海看不见，我们怎么样组织国家的力量，举全国之力，把全世界最好的资源整合？现在网易公开课等等很多，但是没有国家整合的一个平台。我觉得需要一个国家力量整合，能够让全世界最好的教育资源在国家教育资源平台上轻轻点击就可以得到，而且是免费的。同时国家把全国民间开发的各种最优秀的资源也可以进行整合，由国家来收集，政府采购资源。现在一方面教育投入不足，一方面又有大量的浪费。每个县、每个学校都去建自己的教育平台，都建自己的资源中心，都投入资金开发课件，那么多的投入，太浪费了。这就需要国家组织专业团队，用先进的网络技术把资源整合起来，使死资源变成活资源，把静态的课程变成动态的课程。

第三，要建立基于互联网的教育考试评价制度。什么算好的教育？什么算真正掌握了知识体系？怎样才算是真正有用的人？怎样建言和评价学习的成果？这就需要用评价去推动改革，评价和考试是我们改革发展的风向标。现在我们评价的技术太落后了。为什么上午我问谢维和校长一个问题，完全给清华大学自主招生权，你敢不敢？我认为中国的大学还没有准备好。中国没有一所大学目前真正具备了判断人才水平的能力。什么是好学生？真正把自主权交给学校，没有校长敢要。这就是我们没有好的评价机制。我们的评价不是为了改进，而是为了贴标签，是为了选拔，为了淘汰。这样一种考试评价机制要有变化。

未来的评价主要不是为了鉴别，而是为了改进。在学习的早期过程，可以用大数据的概念，自动记录学生的学习过程，作为评价的依据。现在大数据可以知道你学习的过程，刚才讲我们太注重结果，不注重过程，其实过程比结果更重要。因为评价是为了改进，在记录过程的同时，要发现这个学生的知识点缺陷，及时帮他改进。

同时，未来的考试评价会更加重视实际能力而淡化文凭学历。文凭会逐步淡化，未来很可能会出现用人单位不需要你北京大学、牛津大学的文凭，而只需要你课程的证书。我最近在读可汗的一本书《翻转课堂的可汗学院》，其中就讲了一段话，他提出对未来大学的一些构想。他这样假设：不要限制上大学的地点，也不要管你在什么地方上大学，只要你能够通过严谨而且经过国际认证的评估，来证明你自己对某一理论的精通和理解，就可以进入社会找到工作。如果这样的话，教育会发生什么变化呢？我想，如果这样的话，到哪个学校读书就无所谓了，只要有本领，有能力去应对社会挑战的课程就够了。其实他的构想完全做得到。未来学校的竞争将不是学校品牌的竞争，而是课程品牌的竞争。互联网已经提供了这种可能，一个课程可以一百万人同时来学习，学校的优劣集中体现在课程的优劣。

在这个月初，扎克伯格夫妇给女儿写了一封信，把450亿美元捐出来，希望能够为未来的社会，特别是教育做一些贡献。他们这封信的主题就是教育，他们对未来教育提出四个设想。第一个就是个性化、定制化的学习。第二是学习将突破时间和空间的限制。第三是学习将成为一种探索，是一种主动探索的过程。第四，教师不再是一个全职的职业，而是自由的职业。

我认为，可汗讲的也好，扎克伯格讲的也好，事实上已经不是一个遥不可及的梦想，而是一个触手可及的现实。

新的学校形态，正在进行悄无声息的布局。未来的学习中心会很快产生。前两天有一个企业家问我，这个中心什么时候能实现？我们能不能来做？我说：你想做，现在就可以实现。关键是我们是否努力，是否敢于创新。明天的中国将会怎么样，取决于我们每个中国人的努力。每个中国人将会怎样，将取决于我们中国教育的努力。只要我们愿意努力，我们就可以努力创造这样的教育，创造这样的学校。

各位教育界的同仁，互联网快速发展，让我们不仅仅是处于大变革的前夜，我们已经置身于大变革之中。虽然在相当长时间内，传统教育模式和新兴的教育模式将会同时并存，但是，一个新的教育世界已经出现在地平线上，我们已经看到了未来教育的曙光。我相信：只要我们拥抱这种改变，积极推进教育的创新，就能够克服各种难题，创造教育的未来，赢得中国的未来。

谢谢大家！

袁振国

华东师范大学终身教授

国家督学

中国教育学会副会长

以互联网思维激发教育创新

这是一个迫切需要创新同时也为创新提供了前所未有机遇的时代，是一个把人和动物区别得越来越远的时代。人类和动物最大的区别，推动人类不断远离动物的最大动力是工具的使用。工具的发明和使用，是撬动人类进入越来越高级境界的神奇杠杆。从工具具有划时代意义的变革来看，人类的工具发现和使用可以划分为四个阶段，第一个阶段是石器阶段，第二个阶段是铁器阶段，第三个是科学阶段，第四个就是我们今天所讨论的对象——互联网阶段。石器沿用了二三百万年，铁器沿用了三千年，科学沿用了三百年，而互联网才二十年。可是就是这二十年，互联网搅得“周天寒彻”，或者说搅得全球火热。之所以把互联网和科学时代区分开来，是因为石器也好，铁器也好，科学也好，它们面对的对象都是实体世界，实实在在，看得见，摸得着。而互联网时代最大的特点是它面对的是虚拟世界，是看不见、摸不着的世界。而这个虚拟的世界正影响着、控制着甚至决定着实体世界的走向和命运。它整个改变了人类的生产方式、生活方式和交流方式，给人类带来了史无前例的新变化、新景观。随着这种改观，对我们的思维方法也带来了极大的挑战。现在我们对生产方式、生活方式、交流方式的变化已经强烈地感受到了，但我们还没有深刻地认识到互联网对思维方式的影响。

互联网思维的特征

互联网思维的特征是什么呢？现在还无法下定义，也许还不能揭示其本质，但有几点已经是可以肯定的。

第一，一切皆可联系。什么叫互联网时代？互联网时代就是以前难以想象的可能发生联系的事物，毫不相干的东西，都可能发生联系。人和人的联系，人和物的联系，人和信息的联系，物和物的联系，物和信息的联系，信息和信息的联系，有些我们已经认识到并且利用到了，有些还尚未开发。现在有无线网、云技术、可穿戴设备和移动通信，还有物联网、大数据分析……这是一个互联网背景下相关技术整体突破的时代，是一个万物皆可相连的时代。清华大学一位年轻教师在哈佛与麻省理工联合开发的慕课（MOOC）edX上，开设了一门电气工程的网络课程，完全出乎这位教师想象的是，一周内竟有来自50多个国家的3.7万人注册；我们坐在电车上或者走在走廊上，“摇一摇”手机，就会找到你身边认识的和不认识的“朋友”，互联网就是这样把相关的和毫不相关的人聚集到了一起。

第二，个体力量不可限量。以前我们经常说“一个人的力量是有限的”，可是在互联网时代一个人的力量却是不可限量的。比尔·盖茨1981年注册微软公司，据说是270美元起家的，可15年以后，也就是1996

年，他在没有任何背景、没有祖上巨额遗产的情况下，却以129亿美元的身价成为世界首富；中国的马云，1994年才接触互联网概念，2011年还折腾在能否生存下去的生死线上，2014年阿里巴巴的市值已经可以排在世界国民生产总值前50的国家之列。如果不是互联网时代，人的创造性的才华怎么可能发挥那么大的能量？这种能量超越时空，超越金钱，超越历史，神乎其神。

第三，互动。互动不是一个新鲜概念，但互联网线上的互动与日常互动不是一个含义。互联网的互动与日常互动的区别第一是具有不可预测性，是无数人与无数人的互动，人人都是发声者，人人都是收声者。一则信息，一张照片，一个视频，可能卷起一场风暴，可能推翻一个国家政权。一句“你们信不信，反正我信”，由于媒体的消费性报道和大众的情绪化传播，导致我国高铁发展受挫；一个视频的传播成为叙利亚漫长战争的导火线，至今还在燃烧。没有人能想到，也没有人能控制，至于是非曲直已经不重要了。第二是海量。据说现在每年产生的信息是过去五千年信息量的总和，利用这种海量信息可以产生意想不到的互动效果。小米手机之所以在手机硝烟弥漫的战场上杀出一条血路，就是因为它十分成功地发挥了互联网的互动功能。他们向网络发布了征集“理想手机”的调查，结果瞬间收到了18亿条希望和建议，不仅完善了产品，而且聚集了粉丝。在互联网时代，每个人都是网络资源的享用者，同时又都是信息资源的提供者。

第四，身份的转换。互联网时代传统的身份观念将被彻底打破，稳定的角色将不复存在。在互联网时代你既是生产者又是消费者，西方人创造了一个新词：prosumer，是生产者和消费者两个词的组合。我们到底是消费者还是生产者呢？随时随地都在发生转换。既是信息制造者又是一个信息接收者，既是终端又是平台，既是演员又是观众，既是教师又是学生……与之相伴的必然是身份等级逐渐的淡化和消除。每个人都有每个人的话语权，每个人都有自己的信息渠道，每个人都可以不受阻挠地表达自己的意见。权威、身份，这些在传统世界非常重要的东西，在互联网世界里起不了多少作用。互联网突破了单位、城市、人群、国家的界限，互联网活跃在全世界的每个角落。

第五，开放。开放当然有技术标准的开放、数据的开放、源代码的开放，等等，但我这里说的开放是免费，免费是最彻底的开放。在互联网上，如果你要想靠收费做什么事情的话，那等待你的一定是走向死亡。互联网的生命在于它的免费，获取任何东西都是免费的。收费必定死，免费支撑不下去了也是死，你能不能绝处逢生，就看你能不能靠山吃山，靠水吃水，靠网络吃网络了。

第六，从量变到质变的华丽转变。农民种地或商贩兜售商品，从饥饿不饱到年终有余，再到殷实小康；石油大王、钢铁大王、汽车大王，从产量增加、产值的增长到行业垄断，都是量变，都是赚钱多少而已。可是互联网从店商到电商不仅仅是赚多少钱的问题，而是整个商业模式的改变，运营几千年的商业模式给颠覆了；从看病到医院找医生，再到远程监控、网络治疗，医院的形态将是什么样子也难以预料了。我们每天都可以关注到从量变到质变的结构性变化。传统的价值、传统的思维方法在这里随时经受着检验和考验，随时可能受到从未有过的挑战。

对教育颠覆性的挑战

这样一些变化，这样一些新特征，对教育会产生什么影响呢？对教育的创新提出了怎样的挑战又提供了怎样的机遇呢？

重新洗牌。现在那么多的大学、中学、小学甚至幼儿园，都有形无形地分成了三六九等；资源的集聚、政策的优惠、文化的优势，都是长期历史形成的，可是在互联网的背景下将重新洗牌，面临逆转的可能。在互联网时代，关于学校、课程、课堂、教师、学生等等概念都会被重新定义，传统的优势搞得不好反而可能成为包袱和负担，船大难掉头。就如同中国从现金支付跳过了信用卡时代，一下子进入了微信支付时代一样，惊得西方优越者们目瞪口呆。面对互联网的机遇，落后的学校完全可能迎头赶上，弯道超车的机会就在眼前。这几年已经诞生了30多个上亿的网络教育、培训、软件公司，就是最好的注脚。

从头来起。互联网时代每天都面临大量的被淘汰的威胁，同时又产生大量的新发展的机遇，新的技术、新的主意、新的平台、新的亮点……，在这些新的技术、新的机遇面前，大家都在一个起跑线上。这个时候固有的经验、人脉、资源、学历、资历、级别的威力都大大地削弱了，甚至都没有用了。当我们拿着一部新手机不知所措的时候，一个两岁的小孩却可能分分钟就搞定了。不识字、没有生活经验的小孩，却是自负的成人不会说话的老师。我们经常听到上了年纪的人说："这个不行了，是你们年轻人的世界了。"这不是矫情，是真的无奈的叹息。互联网上一切都可能从头来起，在同一条起跑线上开始新的赛跑。

模式为王。以前我们讲内容，讲方法，讲手段，是内容为王，工具为王，现在不是，现在是模式为王，是系统整合，需要找到最佳的整体解决方案。很多创业公司发展不起来，不一定是产品不好、技术不新，而是没有找到好的运行模式、盈利模式。去年我去斯坦福大学教育学院，那是三大慕课之一Coursera诞生的地方。我问他们女院长目前Coursera运行的情况，以及对前景的判断。她说现在没有那么乐观了，因为还没有找到最佳的盈利模式。大众对慕课是很欢迎的，充满热情，踊跃注册，但是如果网上课程不能得到不断的完善，不能得到很好的管理，不能维持和注册学生的很好的交流，注册生很快就会无情下线。可是要维护好慕课，是要很多钱的，如果收费，你就死掉，如果免费，又经营不下去。不知道下一步会是怎样。什么时候能找到一个慕课的盈利模式呢？大家都知道慕课是一个很好的东西，可是慕课能不能运行下去，社会、企业、机关、学校会不会承认慕课的文凭成为了关键。照理说在基础教育阶段，慕课更应该是具备条件的，因为政府买单，大家可以免费去上网络课程，但目前基础教育也推行不下去。因为政府预算中还没有这笔开支。没有市场不行，全靠市场也不行。回顾一下所有成功运营的企业、商业、媒体，各种各样运行成功的案例，它们都有一个成功的模式。阿里巴巴在很长的一个时间里也因为找不到成功的运行模式而几乎夭折，后来淘宝网和支付宝有机结合了，才大放光彩。互联网教育的成功模式在哪里呢？目前比较成功的都是在社会培训、课外补习领域，在教育的主渠道——学校教育——还在苦苦探索。

制度创新

怎么能够寻找到一种互联网背景下教育的运行模式，能够让个性化的教学成为新的可能，把以教定学变成以学定教；怎么把创造性的教育通过互相讨论的方式、探究的方式、自我展示的方式，让它变成可能；怎么让传统的考试、分数、文凭、资格的固定教育与突破时空界限的、灵活的泛在教育结合起来？有了，教育就会有一个大变化。传统的教育很成功，但是传统的教育有三个致命的弱点：第一个是统一性，不利于个性化；第二是标准化，不利于创造；第三个锁定时空，只能在固定的时间和地点学习固定内容。如果我们能够找到一种好的模式，能够让教育的个性化、创造性的学习和泛在教育大行其道，我相信教育的创新、教育的新形态就会出现在我们的面前。

要实现这种创新，观念要变化，技术要改进，但关键是制度要变革。学制、年级制、学分制以及相应的考试、评价、选拔制度都是学校教育的产物，适时而生，适应需要；现在需要适时而止，适时而变。

比如慕课注册的人很多，但坚持完成学习的却不到3%，其原因主要是动力不足，没有被社会和企业认可的机制。现在互联网在教育上的技术运用明显遇到了制度的瓶颈：招生制度、文凭制度、学籍管理制度、与社会其他领域的衔接制度等等。互联网设备由谁来付费这个“坎”，就把很多先进的技术阻挡在了学校之外，这也是为什么网络教育在培训、校外补习领域容易取得成功的原因。随着互联网教育个性化服务、定制服务能力的不断增强，必然要求更灵活、更多样、更可选择的教育制度。

汤　敏

国务院参事

乐平基金会理事长，友成基金会副理事长

北京大学、武汉大学、暨南大学兼职教授

中国经济50人论坛成员

让教育信息化在精准扶贫中发挥更大作用

在精准扶贫中，阻止贫困的代际相传是重点也是难点。习总书记在扶贫报告中多次提到要防止贫困的代际相传，这也就是说，要防止导致贫困的条件与因素在代与代之间传递，不让贫困家庭的后代重复前代的贫困境遇。

一、贫困还是有代际相传的危险

在阻止贫困代际相传的诸多因素中，最重要的是让贫困家庭子女能够得到好的教育，让他们长大后能够抓住经济发展的机遇。经过了几十年的努力，在贫困家庭子女“有学上”这个问题上，我国已经取得了举世瞩目的巨大进步，中小学生入学率在发展中国家总是名列前茅。但是在“上好学”的问题上，即让贫困家庭的子女接受高质量的教育上，我们还有很长的路要走。

在基本教学条件满足的情况下，教育的质量主要是由教师来保证的。长期以来，由于教师资源在城乡之间、好学校与薄弱学校之间的分配不公平，造成了贫困地区教育质量一般都比较差。好的教师也不愿意在贫困地区长期工作。值得注意的是，当前一些地区在教育扶贫措施中，还是停留在加大学校的硬件投入或是提高对贫困学生补贴等措施上。这些当然是必要的，但是，即使这些措施能百分之百地落实到位，也不能保证贫困地区学生能得到高质量教育，贫困家庭子女在未来的竞争中还是处于社会底层。这样下去，贫困的代际相传的危险不但没有消除，可能还会扩大。

二、警惕信息化下的马太效应

近年来，互联网教育，包括慕课、微课程、翻转课堂等信息化下的新型教育模式正在快速改变着中小学教学方式。国家和商业机构在教育信息化领域的大量投入，更加快了改变的步伐。仅2014年，商业机构就在K12（从幼儿园到十二年级）领域中投资了好几百亿人民币。城市家庭孩子在网上学习已经蔚然成风，幼儿园孩子就能在智能手机、平板电脑上学习。可是对于大部分贫困乡村学校的学生来说，他们要到初中才能用上电脑，而且时间还非常有限。可以想象五年、十年后，当这些农村贫困地区孩子走向社会时，由于对电脑、互联网不熟悉，在激烈的竞争中还会停留在社会的底层。

联合国早就警告过要防止出现“数字鸿沟”（Digital Divide），即拥有信息时代的工具的人及其他人之间存在的鸿沟。在教育领域，“数字鸿沟”是国与国、地区与地区、学校与学校、学生与学生在计算机及互联网教育学习上的差距。这一差距有可能成为导致贫困代际相传的最重要因素。

各国政府都在试图解决“数字鸿沟”问题，重要措施之一就是发放电子书包，即教育平板电脑。通过电子书包，学校、企业可以为学生提供丰富的教育信息化内容，把课本、作业、甚至老师的讲课做成微课程，让学生先自学，到课堂上来参与老师与同学讨论式的学习。不同接受程度的学生还可以有不同的学习进度。据不完全统计，目前世界上有50多个国家，包括泰国、巴西、牙买加、哥伦比亚等国，已经开始在中小学中大规模发放电子书包。印度也在大规模地发放平板电脑来改善他们的教育。有意思的是，世界上大部分的电子书包都是在我国深圳等地定制生产的。

三、让教育信息化率先惠及贫困地区学校

到2020年我国要全部消除绝对贫困。为了加快扶贫的步伐，要防止贫困代际相传，就要跳出传统的模式，用互联网思维来解决问题。笔者所在的友成基金会，把北京人大附中的一门数学课通过互联网上到了全国近20个省的200个贫困乡村学校中去。每天我们现场录制人大附中老师讲课并放到网上去。当天晚上乡村老师下载讲课录像，并把课中难度太大、超出乡村学校需要掌握的部分进行必要的剪裁。第二天学生在课堂上直接看录像。当视频中人大附中老师课堂提问时，当地老师把视频停下来，让学生来回答人大附中老师的问题。答对了继续视频上课。如有学生答不对，当地老师就用几分钟把这个概念讲一遍。三年的实践证明，不但贫困地区的学生可以大大提高学习的质量与兴趣，当地老师也可以通过这样长期陪

伴式的培训提高教学质量。由全国最好的老师课课示范、天天培训，两三年后这些老师就可以独立地用这种全新模式来教学。

友成基金会正与广西、重庆等地教育部门合作，仿照人大附中的试验，把当地最好学校的课也录下来送到当地的贫困学校去。同一门课，既有人大附中这样的全国优秀老师上，也有本省、本市的优秀老师上，贫困地区老师可以选择那些比较适合当地学生情况的课。我们还在实验如何用互联网解决农村学校中最缺的音乐、美术课的问题，与一些艺术家组织合作，把城市中的优秀音乐老师、美术老师的课录下来，把优秀的课外一小时的各种学生活动录下来，用互联网送到农村学校中去。

在当前，最需要帮助的就是在贫困山区的村小、教学点。在那里很多学校还是复式班，一个老师教来自几个年级的十来个学生。仅在甘肃省，100人以下的学校就还有近8000所。目前最需要的是整合各种资源，在贫困地区的村小、教学点进行电子书包试点。如果在这样的学校中每个学生发一台平板电脑，把课本、作业以及高质量的老师讲课都放进去，学生可以直接在平板电脑中学，老师只要组织辅导。这样不但可以大大减轻老师的负担，也可以提高教学水平。这样的模式到底适不适用于农村学校，只有通过实践才能检验。我们友成基金会正在与联想、华乐思等公司一道，在甘肃、广西、河北等地小规模地试验。我们呼吁更多的关心扶贫、关心贫困地区教育的企业、公益机构组织起来、行动起来，与教育部门一道，把优质的教育资源送到农村去，送到最需要帮助的贫困山区的村小、教学点中去。

王嘉毅

甘肃省教育厅厅长

中国教育学会副会长

“互联网+”背景下教育资源共享的机制创新

当前在我国各级各类教育中，资源短缺的问题已基本解决，但优质资源短缺的问题依然突出，人民群众对优质资源的渴望比以往任何时候都更加迫切。互联网的发展和普及为解决优质资源短缺问题、满足人民群众的迫切需要提供了有利条件。但只有互联网还不够，还必须有好的共享机制。只有通过创新，建立先进的共享机制，才能充分发挥“互联网+”的优势，实现优质教育资源的共建共享。这既能满足人民群众对优质资源的渴望，也有利于实现教育均衡发展，促进教育公平。

一、建立教育资源共建共享有效机制的重要性

党的十八届三中全会对教育信息化提出了明确的要求：“构建利用信息化手段扩大优质教育资源覆盖面的有效机制，逐步缩小区域、城乡、校际差距。”其核心是构建“扩大优质教育资源覆盖面的有效机制”。目前，移动浪潮、云平台、物联网、3D打印等技术已经扑面而来，在这新技术风起云涌、不断更新的背景下，中央特别提出要创建有效机制实现资源共

享，可见“机制创新”有多么重要。

历史和现实证明，没有今天的信息技术的发展，教育资源共建共享只能是一句空话。但是，如果没有良好的机制保障，资源共建共享也无法走得更远、走得更好。机制是共建共享的重要保障，而机制创新是资源共建共享的关键。

就机制本身我们可以做一个划分：内部机制和外部机制。内部机制是教育系统内的各种机制（包括资源公共服务平台建设、教研体系的相关制度、教师成长的机制，等等），外部机制就是与企业合作的机制（企业的利益诉求与教育收费管理、服务内容与收费模式、定价管理的机制，等等）。

二、如何建立有效的教育资源共建共享机制

（一）正确的引导是机制创新的前提。以甘肃教育资源共建共享改革创新的探索——甘肃教师学苑为例。甘肃教师学苑是甘肃省为了提高教师人文素养而创立的一个微信公众号，现在有30万的教师关注了它，每天这些教师都要在上面学习和浏览。为什么呢？因为每阅读一篇文章都可以得到0.0625个学分，全年学习下来是24个学分，这24个学分可以作为继续教育的成绩记入档案。这些学习的文章从哪里来呢？其实都是老师们自己编辑整理的。谁的文章被选用，谁就可以得到3学分。转发文章获得500人以上的关注又可以得到3学分。最多的一位老师的文章几天之内被转发了13万，评论上千条。这样，甘肃省30万教师的资源共建共享热情

就释放了出来。

这个案例说明在资源共建共享机制建立的过程中，政府的引导非常重要。政府利用行政手段把各个部分统一了起来，构建了一个继续教育的有效机制，吸引教师把零散时间更多地投入在这上面，把“朋友圈”优化成为“学习圈”“继续教育圈”，既是泛在学习，又是资源共建共享。

（二）协作是资源共建共享机制创新的重要手段。第二个例子是甘肃的“一师一优课、一课一名师”活动。这个活动是教育部主导的利用广大教师进行资源共建共享的非常好的活动，在甘肃取得了成功，取得了在全国参与率第一、教师晒课数第三（后期第四）的好成绩。这个成功，其实也是机制创新的结果。天祝藏族自治县按照自己的规划创建了不同的教研协作组，根据组员自身的优势明确了任务分工，让每位老师都当一至两周的主要备课人。每个组员都参与撰写共性教案，形成了一个最终教案，然后由每位老师再根据自己学生的情况，对最终共性教案进行个性化修改与完善，形成个案，就可以拿到实际教学中去用。同时每位组员在备课流程中，积极上传与本课相关的其他教学资源，诸如教学案例、课件、视频、反思、图片等，也可以与大家一起讨论教学中的一些问题与困惑。通过这一系列的集体备课活动，最终取得了集集体智慧与个性化于一身的优质教学设计与教学资源，从而提高了课堂教学质量。这个协作的机制运用到“一师一优课”活动中，出来的优课质量就高了。正是政府各个部门构建了良好的协作机制，以指导和服务为主，才激发了教师们的专业热情和活力。

（三）机制创新就是让各结构、各部分都充分地动起来。刘延东副总理在第二届全国信息化大会上提出，要积极探索动员社会力量广泛参与教育信息化建设，与国内外企业深入开展合作，这一思想为我们开展共享机制的创新提供了新的机遇。

甘肃教育移动学苑的例子，也是一个以教育事业为生的民营企业参与教育资源共建共享的典型案例。甘肃教育移动学苑是甘肃省电化教育中心与一家本地企业合作研发的针对学校、老师、家长及学生的教育微信公众服务平台。团队整合了甘肃的部分名师，聘请一些一线教师制作资源、推送资源。截至2015年11月20日，甘肃教育移动学苑平台的阅读量达到四百多万人次，阅读次数达到了七百多万次，课程资源的阅读量也达到了四百万以上。公司为此做了很大投入，负责人很有激情，他的激情并不仅仅是看到将来的收益，也是对教育的热爱。这样一群肯在教育上下功夫的企业，加上政府的正确引导，一定能够成为数字资源建设的正能量。

（四）政府搭建的公共服务平台是资源共建共享的主阵地。如果没有基础教育资源平台，共建共享的机制几乎落不到实处。所以，建设怎样的平台，决定着共建共享的质量。穷省办大教育是需要创新再创新的。搞教育信息化就要大胆地尝试。甘肃是一个经济欠发达省份，更要在利用社会力量方面动脑筋、想办法。国家“教学点数字教育资源全覆盖项目”为我省三千多个教学点长期持续使用优质教学资源奠定了基础；甘肃基础教育资源公共服务平台的建设也是典型的政府引导、企业推动建设的例子。甘肃是一个穷省，截至目前，我们用很少量的钱建成了甘肃基础教育资源公共服务平台，并且开展了很好的应用。没钱不能等，资源建设一天都等不起，我们的考虑是先建设，先让学生们用起来，等我们经费下来，实行政府购买服务，到那时，我们的学生已经受益很长时间了。这两个例子都是和企业深入合作建设数字教育资源的例子，都是机制创新带来的成果。

基于资源平台怎样开展共建共享？基本的想法就是利用平台在县域、市域、省域范围内教师共同进行学科教研，围绕课题、专题、地方特色课程、教法等方面进行共建，区域内共享研究成果。总结起来就是开展校内立足课堂的资源共建机制，开展立足学科发展的区域内的资源共享机制。在这方面，我们有很多应用案例。我们创办了甘肃第一家教育互联网期刊；五泉09（1）班的师生在网络空间已经学习生活六年，留下了他们成长的足印；天祝县开展的教师网络教研将城里老师和远在百公里之外的红疙瘩小学教学点的老师紧紧地连在了一起，技术的创新成就了资源的共享，为实现教育均衡打下了基础。

三、构建教育资源共建共享有效机制需要注意的几个问题

“互联网+”的新时代，需要我们用互联网的思维去再造教育，而不是以往利用互联网的手段去辅助教育的发展。只有将互联网的规律和教育的规律有机结合和充分发挥，才能最大限度地发挥互联网在教育资源共建共享中的作用，才能实现互联网对教育发展的促进作用。在构建教育资源共建共享的有效机制过程中，下面几点需要特别注意。

（一）平衡各方诉求，提供跨界融合的合适土壤，实现共建共享。共建共享其实就是目前众筹的概念，暗含了互联网的本质特征。共建共享也是一个发动群众的过程，一定要建立一个平衡各方诉求的机制，把握政府、学校、企业各自的需求点。在这个过程中秉持共赢的思路、开放的心态，栽下梧桐树，引得凤凰来，要善于吸引那些对教育有感情，对教育有远见的企业家投入教育。不要对企业先天抱有戒心，抱有二心，应当要有诚心，有信心。建立一个大家都愿意参与的良好机制，吸引政府、企业、学校的人进行跨界参与，融为一体，运用互联网思维中的跨界融合，做好共建共享。

（二）资源平台建设的模式要多样化。教育资源公共服务平台的模式要多样化，既要有b2c模式，也要有c2c模式，还要有其他模式。淘宝模式和京东模式各有价值。按照“政府统筹引导，企业参与建设，学校购买服务”的原则来理解，教育资源公共服务平台其实就是一个中枢，既要有自身建设的资源，也要对各企业平台形成一个调度和统筹，形成资源枢纽。另外，也要不断创新现有的种种模式，没有破，就没有立。要敢于打破现有的模式，只要是有利于共建共享的，都要勇于尝试，善于总结，将资源公共服务平台建成资源共建共享服务的重要支撑。

（三）共建共享既要大兵团作战，也要有游击战作为补充。要充分发挥政府主导作用。甘肃今年利用“改薄资金”集中建设“班班通”教室的费用大概是4个多亿，这4个多亿中的一部分要用来购买数字资源。这样大规模的集中采购，要使得全省近四分之一的学校可以长期免费使用数字资源。同时也要注意调动各方积极性参与共建共享。举一个例子，中国藏族中学网是我省天祝藏族自治县民族中学创办的一个藏文网站。网站采用国际通用的喜马拉雅藏文字体和先进的后台管理系统，开设了10大版块、480多个栏目，上传课件、文本及音、视频教育教学资料2万多件。网站的建成为五省区开设藏文类课的中小学搭建了资源共享、远程交流的平台。借助中国藏族中学网，为西藏、青海、四川、甘肃、云南五省区多次承办双语课件大赛、优秀藏作文大赛等赛事。

（四）应用驱动，形成“应用”倒逼“机制”的局面。共建共享一定要站在解决问题的角度思考问题。可汗学院的成功是典型的应用驱动的例子。为了给小孩子补课而开创了“微课”的时代。其实，微课的概念提出来后大家都不觉得陌生。要特别注重那些真正有利于解决教育教学中真问题的思路、模式，将其研究透，形成模式，形成特色，也许这就是下一个“可汗学院”。应用对机制的创新形成倒逼事态，甘肃教师学苑就是一个这样的例子。

这是一个自媒体的时代，是一个去英雄的时代，也意味着人人都可以当英雄。蕴含在教师们身上的力量是无穷的，通过机制创新，使所有的教师和学生乃至家长去建设，去应用，政府、学校、企业，学生、教师、家长都将会从共建共享中受益。

严文蕃

美国麻省理工大学波士顿校区教育领导系系主任、国际比较教育研究院院长

研究领域：教育研究方法、教育政策分析及国际比较教育等

著有《研究方法》（英文，合著）、《教育科学精品教材译丛》（副主编）等

互联网时代的教学创新

——美国的经验与启示

今天想跟大家分享的是：互联网时代的教学创新。我从以下三个方面讲述互联网时代的教学创新。第一方面是互联网对传统教学的冲击，或者说是互联网对传统教学的挑战。第二方面是互联网教学当中很重要的两个发展，一是慕课——慕课的发展以及它对课堂教学的影响；二是翻转课堂给传统的教学带来的巨大变化。最后是介绍深度学习的概念，以及它在互联网形势下如何体现。

先探讨互联网对教学的影响，这种影响可以称为“推力”和“拉力”的关系。什么是推力？美国做过一个调查，是关于从幼儿园开始一直到12年级结束的美国学生对学校学习的热情。调查研究数据显示，开始的时候，有95%的孩子是喜欢学校学习的，九年级以后喜爱学校并对学校抱有热情的美国学生下降到了37%；同时教师对学校的满意度也骤然下降，传统的教育教学模式受到了极大的挑战，学生与教师在心理层面与现实层面正在被推出学校，这就是“推力”。学生学习的积极性下滑并不全是学校内部造成的，外面还有一个“拉力”，这个“拉力”就来自互联网。近五年，互联网的信息量整整增长了9倍，信息爆炸时代、互联网时代给学生带来了新的视野。请大家对比两张大学的课堂教学图片，一张是互联网之前传统的教学情景，一张是出现互联网之后的情景。先观察典型传统的大学课堂，它有几个特点？很明显的一个特点，以教师为中心，教授站在中间。再看当时传递信息是靠什么？一支粉笔，一块黑板。因为大学的知识量大，所以黑板越做越大，上下移动的黑板大到可以覆盖整个墙面。以前培训老师的时候的第一个要求就是板书过硬。第二个要求是老师在传递知识的时候要条理清晰，有逻辑性。以前什么是好老师？老师从铃响以后，开始写板书，写到最后铃响结束，这个板书就是一个漂亮的艺术品。这样的老师就是好老师。传统的教学，就是传递知识的过程。中国学生到美国做汇报的时候常用第一点、第二点、第三点来展开，这就是在这种培训下的结果。传统的教育就是让学生知道目标，向着目标走；应试教育的目的是解题，得到唯一正确的答案。再观察互联网时代的教室有什么特点？教室里全都布满了主屏幕和分屏幕，学生都有手提电脑，传递的媒体不一样。传统的教室里教师就是中心，信息来源就是教师。现在教师作为中心已经不那么明显了。老师越来越变成只是一个辅助者。这是很大的一个区别。除了中心和媒介的问题，还有什么特点？老师已经尽了最大的努力，让学生也上来演示，但老师在上面打开的网页和学生在下面打开的网页并不一致。说明信息社会，信息不仅是老师传递的，学生可以有选择地获取信息，可以自己搜集信息。从积极的方面说，可能学生正在找与之相关的信息。从消极的方面说，不管老师在讲什么，学生统统不理会，都在看自己感兴趣的东西。中国大学的课堂如果要拍下来的话，可能不是每个学生面前都是一台手提电脑，而是手机。如果从后面拍下来，再把每个人的手机内容放大，也可以得到类似的图片。不管老师在讲什么，学生都在看手机，而且看的内容不一样。好的学生可能会搜索与教学相近的内容，不听课的学生就在看自己的东西。不听课的学生并不一定是不好的学生，可能只是对老师的讲课内容不感兴趣。在美国有一种说法，问老师会不会教书，只要问老师“Can you teach better than Google?（你能比谷歌教得更好吗？）”在中国可以换个说法：“Can you teach better than Baidu?（你能比百度教得更好吗？）”如果老师的教学连百度都不如，就别怪学生不听你了！现在是网络时代，搜索十分便捷。要改变学生低头看手机、玩手机的办法，你可以列出要讲的概念，然后学生上网搜，可能一个概念和观点有五六个版本。这个时候老师可以指出互联网上每一个版本的不足或者错误，这样学生就会敬佩你。教学不可能回到过去的时代了，“甜美”的时代已经一去不复返了。过去教授站在中心，只有他有知识，别人是没有知识的。现在互联网的知识是共享的，信息随时可得。另外，现在的大学生都是90后，都是和互联网一起长大，一起生存的。他们更信任互联网，更喜欢在互联网上生活。所以现在当老师比以前更难。

应对互联网的冲击的第一个教学创新就是慕课。慕课（MOOC）到底讲的是什么？原意是什么？第一个字母M（massive），大规模，要做慕课就做大规模的资源共享。第二个字母O是open，开放性。过去学生选课要注册。你不是北大的学生，你可以读北大的课吗？不可以。慕课是开放的，充分利用了互联网共享的原则。第三个字母O是online，它不受时间的局限，学生可以自学，自定步调。最后一个字母C是课程。但是慕课作为一个课程还有很多问题没有解决，比如能不能更好地做到实时互动？如何做到个性化的互助和讨论？还有如何挣学分？挣了学分以后如何挣证书？挣了证书以后怎么挣学位？还有它的商业运行模式，这些问题都还没有解决。慕课有一个特点：名校、名课、名教授。下面分析一下MIT（麻省理工学院）的慕课。MIT称他们做慕课的愿景就是通过互联网在线课程扩大受教育机会，使全世界学生共享他们的优质资源，重构大学校园的教育。中国高等教育高速发展，造大学城，建校园。现在也意识到大学不等于大楼。如果有一笔钱，是要去投资造大楼，造教室，还是把它投资在无线网的建设上？如果问学生，学生肯定会投票要无线网络，最好每个地方都有无线网络，而且要免费。这个革命已经悄悄发生。MIT的慕课是否得到了它想要的目标呢？先来介绍MIT的背景。MIT每年多少人报考，每年录取的有多少呢？以2015年的数据为例，全世界报考MIT 1.8万人，录取了1600人，录取率不到1/10。MIT开慕课是要与全世界共享它的教学资源。以一门课为例，这门课叫电子电路学，不是很多人要上的很冷门的课。从大数据看，这门课大概有15万人修，大概有9000多人通过了期中考试，7000多人完成了课程，有340人得A。从这些数据上看，MIT有没有达到它的预期目的？有没有实现它的愿景？ 如果我们以几何图形来代表教育的输入与输出，第一种模式是长方形，输入和输出对等，百分之百成功毕业。第二种是倒梯形，有一部分人被筛选掉，不能毕业。第三种模式是倒三角，典型的美国模式，宽进严出。好的学校和差的学校的差别就在于倒三角，倒三角倒得越厉害，说明教学要求越高。MIT 的这门课有 15 万人关注，达到了宣传和分享的效果。还有 7000 多人能够修完，而 MIT 一年只招 1000 多人，而且不会所有人都修这门课，所以慕课的影响是巨大的。虽只有 340 人得 A（0.2%），MIT 通过这门课也向全世界表明：第一，愿意把它的资源与你共享；第二，它是金字招牌，不放水。

互联网下的教学的第二个创新是翻转课堂。翻转课堂和传统课堂的教学程序和内容是不同的。在传统课堂，学生课前是预习和读书，翻转课堂课前是微视频、微课，查阅网上的资料。课中，传统课堂是教师中心，老师主讲，在翻转课堂老师主要引导学生讨论。课后，传统课堂是学生单独做作业，翻转课堂是团队学习，进一步利用网络资源做作业和研究。翻转课堂把网络资源在课前、课后全部利用起来，这是第一。第二，它在整个教学过程中特别强调团队从头到尾的合作学习。

我们可以从布鲁姆的认知分层理论来进一步分析翻转课堂的好处。2001 年，布鲁姆的学生安德森对布鲁姆的认知分层理论进行了修订，在金字塔最上方加了创造。根据原来的金字塔理论，我们在教学中花了很多时间在低层认知方面打基础，到了讲创造的时候，我们在课堂上就没有那么多时间来做了。现在翻转课堂充分利用网络，使我们能够把整个布鲁姆的体系也翻个个儿，我们可以把大量时间花在创造和评价上面。传统的课堂，老师把大量的时间用在讲课上。讲课总是从先复习开始，因为布鲁姆告诉我们，学生先记忆再理解，把既有的记忆调出来，再讲解新知识。最后用剩下的时间布置作业。作业也只不过是简单的运用而已，很少有针对高级的认知层次的练习，更不用谈创造性的活动了。翻转课堂，课前已经把讲课内容交给学生了，在课堂上就可以把记忆、理解这些低层次的认知活动降到最低程度，腾出时间做高层次的认知活动。在学生讨论的基础上，课后就可以布置动手、合作的学生活动，提高其创造力。所以从布鲁姆的认知分层理论上说，翻转课堂也是很有吸引力的。

最后，不论做慕课也好，做翻转课堂也好，互联网时代的教学创新使我们对教学的本质有了进一步的认识。美国提出一个概念：互联网时代的深度学习。传统教学的目的就是掌握知识，现在的教学目的不是掌握知识，是要学生真正地创造和运用新知识，能够联系和解决现实社会的问题。浅层的知识掌握已经被技术解决了，所以现在更多的是深层的知识，更重要的是利用现有的知识再创造新的知识。我们可以从三个角度讲述深度学习，第一是学习目标和任务不同，第二是学习的形式和主体不同，第三是学习的工具和途径不同。第一，学习目标和任务不同。大家知道，21世纪的能力有4C，即沟通（communication）的能力、批判（critical thinking）的能力、合作（collaboration）的能力和创造（creativity）的能力。现在再加上2C，品德（characters education）和公民（civilization），变成6C。互联网给我们带来整合式学习机会，它的教学目的更加广泛了。第二，学习的形式和主体不同，互联网的学习强调共享、共同学习，也就是学习共同体的要求。第三，学习的工具和途径也是不同的。互联网时代是数字化的工具与资源的利用，教学更强调数字化工具的运用。

总之，互联网时代下教学面临新的挑战，教师的主导地位受到冲击。教学不再是原来死板的传授渠道，而是多元的渠道，需要更多的创新和创造。做翻转课堂模式就是要把传统的课堂模式变成一个灵活的模式，把固化的讲授变成讨论，省出更多的时间做出更高层的认知活动。学习再也不是浅层的，而是深度的。学习目标不是培养以知识为中心的应付考试的人，而是全面发展的人。现在提倡的是两个素质，第一是国际化的公民素质，第二是数字化的公民素质。互联网为我们提供了互动的深层次学习的良好环境。谢谢大家！

袁振国

王嘉毅

严文蕃

朱永新

汤敏

回答与讨论

袁振国：

已经超过时间了，我们抓紧提问吧。

提问：

我写了一本书，他们湖南省领导变相地把我的书据为已有，大批发行，赚很多钱，发大财，可是我们教育家自己的书还是在市场上发行，这个问题怎么解决？我一直都在找中央领导，中央领导下了指示，下面领导总是拖，不解决问题，我想这个问题怎么解决？

袁振国：

你的这个问题是非常重要的问题，但是我们是一个学术讨论会，所以你那个法律上的问题，我们找个时间再讨论。谢谢你！我们有秘书处，跟秘书处交流。

提问：

请问王厅长，刚才听了你的报告之后，看到甘肃在使用这些资源的过程中是海量的资源，我想问在老师具体应用的时候，你们有没有遇到过，比如我在上课的时候，宣传了一个优质的资源，给我的班里面的同学去用，在用了很长时间之后，学生看了这个老师天天在从别人那里拿到一些优质资源放，这个对学生的学习效率是不是有一些影响？另外问严老师一个问题，我们在实施翻转课堂过程中，老师对于优质资源的筛选以及二次生成，这里面老师的价值体现在哪些方面？谢谢！

王嘉毅：

一般学生不会有这样的感觉，因为学生只要能够用到优质资源，能够提高，他们特别高兴。比如教英语的老师不能讲标准英语，但是网上的资源讲得非常标准，所以学生是非常高兴的。当然老师也要有一个创造，有一个选择的过程，也体现了以学生为中心，促进学生发展，提高质量，促进公平这样一个理念，应该说不会有太大的问题。

严文蕃：

互联网的好处就是可以充分利用互联网带来的优质资源，因为我们在推行翻转课堂的时候，第一个受到阻碍的就是教师，翻转课堂，所有的教师最讨厌微视频，因为对他挑战最大。谁最喜欢自拍？美女。为什么美女喜欢自拍呢？因为她喜欢美，她可以晒。本来这个老师他原来不需要做这个事情的时候，他在课堂已经够混了。现在你让他公开混，他讨厌。另外一个很好的办法，充分利用网上的优质资源，很多老师充分整合网上的优质资源。但是回过头去，学生还会要你把你自己的东西融合在优质资源中，不能光借用网上的东西，否则学生说这个谁不会，我也会。在美国问你会不会上课，会不会教书，简单的一个问题，你能更好地应用谷歌吗？放在中国就是你能更好地应用百度吗？要超过百度，对老师来说，课前要准备。翻转课堂重要的是在课后那部分，课后学生要学会应用，学会创造，那是布鲁姆顶尖的三角尖。那时候你运用的材料就是远远超过现成的材料，你要考虑怎么组合材料，激发学生创新。

提问：

我先介绍一下我自己，我是学英语的，后来做英语教材，后来去了外企教书，因为北京补习班挺多的，尤其基础教育这一块。我想问袁先生的问题，您刚才讲了很多中美教育的一些想法，我想请教您一个问题，因为美国教育的定位与中国教育的定位，尤其是基础教育这一块是不同的。中国会不会也要经历美国目前这种困惑？因为美国是提供公共服务产品，而中国还是在满足大众的一些需求，那随着中国教育的发展，人们还能跨越阶层，实现鲤鱼跳龙门的目标吗？

袁振国：

这个问题我下来跟你讨论。

提问：

一个感受，一个问题。一个感受是在今天下午听下来，对中国正在发生的教育变革有很大的一部分——就是职业教育——没有涉及。现在从国家层面非常重视职业教育，但是从社会和家长层面不是很认同。这个矛盾怎么解决？我想问朱永新老师。另外一个很具体的问题，问王厅长，219所学校，每一所学校只有一个人，当初发到微信上的时候，我说这是不是假的，我不知道这是怎么形成的？现在是什么现状？我们怎么改变它？谢谢！

朱永新：

职业教育的问题很复杂，你刚才讲的，的确国家很重视。但是首先一个大问题，我们选择职业教育的人都是教育里面的失败者，这是一个很大的问题，不是根据自己的个性，根据自己的兴趣，根据自己的能力，而是我们普通教育淘汰下来的失败者选择职业教育。这是第一。第二，从我们文化传统来说，在收入分配制度差距如此之大的情况下，谁来读职业教育？包括干部人事制度，比如公务员，我曾经在全国政协专门给国家提建议，公务员考试，职业教育的人不能考公务员，谁来读职业教育？接受公共教育的人都有机会考公务员，职业教育的人也应该给他考公务员的机会。你到北大清华，“985”学校，“211”学校，出来后工资待遇不一样。很多国有大企业，包括外资企业都有自己的学校清单，你必须是这些学校的人才有资格到我这里来。这样他就排除了很多职业教育的人，导致人们不愿意来读职业教育。

像在北欧这些国家，他们一个普通的接受过职业教育的人，跟部长之间的工资差距，并不像我们如此之大。我觉得如果第一，干部人事制度给一个更大的空间，任何人只要接受过高中以上的教育，你都有资格报考公务员，把这个大门给开了。第二收入差距，通过一次调节，二次调节，三次调节，把收入分配差距缩小，普通的工人也有体面的生活，成为他的兴趣。第三，我们的教育体制之间是封闭的，你选择职业教育之后，很难有机会进入其他的教育渠道，在很多国家它是立交桥，随时都可以转换，我对普通教育感兴趣了，再转到普通教育。现在普通教育和职业教育之间是一个鸿沟。职业教育是一个系统工程，它需要从文化的层面，从制度的层面，包括从教育的层面，来进行努力。职业教育内部问题也很多，比如产学研脱节。的确你讲的问题应该引起我们高度重视，还应该做一个系统的思考和设计，彻底改变我们大部分人对职业教育没有兴趣这样一个问题。谢谢！

王嘉毅：

一个人的学校，过去我在大学工作，我也不大相信。后来我到教育厅以后，我看了很多，确实在甘肃有这种情况，原因很复杂。比如过去家长都是文盲，一辈子在农村，不重视教育。而孩子不愿意在农村待。因为甘肃这地方很特殊，庄稼长得不错，一场冰雹就颗粒无收。与其这样靠天吃饭，不如到城里做个小生意，哪怕扫个马路，还有一点收入。孩子带来，租个房子，孩子的问题也解决了。还有城市优质资源的问题，解决的办法有很多，用组合拳，比如寄宿制学校，教师要坚守到没有学生了，还要坚持三年，怕有回流。即使一个人，我们也得坚持，把它办好。

提问：

我的问题是提给汤敏先生的。一般来说，教育信息化的一些试点和探索都会在有条件或者有基础的地方来开展，对于贫困地区，可能会面临人的观念、理念以及环境等各方面的一些局限，我想请问您在做这个试点推进过程中所遇到的困难，以及如何解决的？

汤敏：

我觉得问题提得非常好。其实这就是一个思路问题，觉得这种高大上的东西一定只能在高大上的学校先试，这就是一种错误的理念。像这些东西，我们作为政府来说，是做雪中送炭的，是解决教育公平的。从政府来说，首先应该关注最差的、最薄弱的学校，我们首先要解决他们的问题。在过去没有信息化的时候，这是很难解决的。但现在有信息化了，我们可以优先来解决。可能需要一些培训，老师需要一些培训，学生需要培训，这个也并不是做不到的。因为我们现在幼儿园的孩子都可以在平板电脑上学习，学生都能在平板电脑上学习，为什么老师不能在平板电脑上培训？这些都可以做到的。谈理论都可以，但一定得先试。我们一开始把人大附中里中国最高大上的课上到最贫困的农村去，没人相信这个能成功，但是我们试了以后，它就有这个效果。我觉得很多东西都得试，而且从试的角度来说，我们首先应该关注这些贫困地区。因为这些是中国社会的最底层，最需要政府，最需要企业，也最需要社会来关注。

袁振国：

一个好的论坛就是提出了一些问题，回答了一些问题，产生了更多的问题。现在很多人的很多问题还没回答呢，今天不回答了，以后再回答。请大家关注中国教育三十人论坛的微信，将来我们可以搞公众平台，把问题提出来，请三十人去回答。我们掌声感谢这四位嘉宾，谢谢！

附　录

中国教育三十人论坛第二届年会闭幕致辞

朱永新

一天下来，大家很累了。我中午就在想闭幕式说什么。说总结吧，我想现在大家每个人对每个人的发言自己都有一本账，都有一个评价，都有一个印象，所以我想我没必要做一个系统的总结。

说感谢，首先感谢张信刚先生专门从香港远道而来，给我们做了一个精彩的演讲。有心栽花花不开，无心插柳柳成荫，教育既要有心，也要无心，给我们很多很重要的启发。张先生作为有着人文情怀的一个学者、理工科的专家，他在人文教育方面、通识方面有着深刻的见解。李宁先生给我们分享了体育和教育的关系，两位嘉宾专门赶来做的演讲，给我们很多启示。同时感谢从全国各地，包括从美国赶来的三十人论坛的成员们，和我们一起分享他们的智慧。

在这里读懂中国教育，再加一句话，在这里分享教育智慧，这也是我们这个论坛一个很重要的特色。第一个特色，我们这个论坛是一个跨界的论坛。在中国有各种各样的教育论坛，非常多。几乎能说每天都有，差不多在全国各地——包括在北京今天同时就有很多论坛，但是大部分都是圈里人说话。但是大家可以看到我们三十人论坛是跨界的，我们有经济学家，有汤敏，有科学家，有张先生，有哲学家——我们的周国平老师，有法学家——季老师，有历史学家——邵老师，跨学科背景，给我们很多不同的视野，给我们很多不同的分析方法，这是一个很重要的特色。这是跨界的分享交流平台。我们每个月和搜狐都有一次跨界对话，现场也是网络直播的。我们会继续强化这个特色，进一步邀请更多的在各个领域有造诣的大家，跟我们分享他对教育问题的看法，这样能集思广益。

第二，在这里读懂中国教育，我们想努力打造一个为国家的教育改革发展建言献策的智库。的确是这样，中国教育三十人论坛成员背景不一样，经历不一样，但是有一个很重要的特征：中国士的精神，大家对国家的教育改革发展的确是呕心沥血。这些年通过自己的渠道，为教育改革鼓与呼，但是个人力量总是有限的，个人的渠道也是有限的，大家凝聚起来一起说，众声的声音会更响。通过媒体的传播，通过大家共同的对话，我们的声音共识会更强。去年我们的主题是什么？“十三五”规划。五中全会今年制定了“十三五”的教育规划，去年通过中国教育三十人论坛，我们为“十三五”提出了相关的建议。今年的主题是“创新时代：教育怎么办”。大众创业，万众创新，已经成为一个时代的最强音。我们怎么在这个创新时代对教育进行大的变革？包括今天这一天各个专家提出了很多想法，有的是具有革命性的。如果我们认真去研究，在自己的学校里，在自己的区域里来进行点滴的试水，去尝试探索，我相信这种自下而上的努力和自上而下的改革结合，将成为中国教育改革的弯道超车一个非常重要的机会。

当然我还要非常感谢来自全国各地的我们的听众们，因为你光自说自话，没人听，会失去对话的意义。这次秘书处的同志跟我介绍，听众报名非常踊跃，很多天以前他就已经关闭了通道，600个名额一下子就被抢光了。一直到昨天晚上还有人想来听，非常感谢大家。也有人说，昨天在商量，明年这个论坛是不是要收费。有人说你不收费，我们没办法报销，我们花路费是来干吗的？必须有会议证明，才能报销。另外有人说你不收费，他不重视，听听走了，中国经济学家五十人论坛他们是收6888，照样报名非常踊跃。这个我们没想好，我们要研究，怎么改变我们论坛报名机制，做得更好。最后感谢秘书处的同志和志愿者的精心组织和安排，我们没有一个专职人员，都是业余的在准备这样的会议。这个会议大家的确是很用心，各个环节大家都尽了很大的努力，以马国川秘书长和我们的执行秘书长为首的团队做了大量的工作，我提议我们用掌声感谢他们精心的准备。

我还要特别感谢山西教育出版社。最初创立这个论坛的时候，最缺的就是资金，我和山西教育出版社的雷社长和刘总编商量，他们二话没说，表示全力支持我们论坛的发展。他们让这个论坛能够比较顺利地持续下去，而且我们建立了一个可持续发展的机制。同时感谢《经济观察报》，作为媒体支持单位，他们从去年开始就作为我们一个重要的主办方，合作方，为我们论坛的专业化提供了非常好的基础。

在论坛期间，我们也准备了一个建议书，这个建议书是以我们的张志勇厅长为起草者起草出来的，经过我们三十人论坛成员的讨论、补充、完善，现在提交了一份初步的建议稿，我想把它简单念一下。只有两千字，我觉得还是一个未定稿，里面有些文字、有些内容还要进一步完善，但是它基本上把我们这次论坛的重要思想凝聚起来了，给大家做一个分享。

…………[①]

宣读完毕。谢谢大家！

①会后，论坛提供了本建议书的正式稿。为避免大篇幅的重复，此处将建议书内容省略，并将正式稿《中国教育三十人论坛关于教育创新的建议》置于附录中。

中国教育三十人论坛关于教育创新的建议

2015年12月19日，中国教育三十人论坛第二届年会在北京举行。本次年会的主题是“创新时代：教育这么办”。除论坛成员，我们还特约香港城市大学前校长张信刚和著名运动员、李宁集团董事长李宁先生做特约演讲（参会嘉宾名单附后）。来自全国各地的听众超过500人，可谓盛况空前。会议采用主旨演讲和对话座谈、观众互动等多种灵活方式，广开言路，广纳群言，广集众智。专家学者们在深入剖析的基础上，提出了不少非常具有建设性和可操作性的意见和建议。

大家认为，在“大众创业、万众创新”的社会背景和国家战略下，全面提高国民的创新意识和能力，首先应从教育创新入手，大力提倡和实施创新教育，培养出与时代潮流相适应、具有创新意识和创新能力的高素质人才，进而提高整个民族的创新水平。

为此，中国教育三十人论坛提出如下建议：

一、进一步解放思想，推动教育多样化发展

任何时代的大变革都是以思想解放为先导的。要破除僵化的学生发展观和僵化的教育功能观，避免割裂人的成长的系统性和整体性；要建立一个可选择的、开放的、包容的、多样化的教育体系，把教育的选择权还给孩子，努力提供最适合孩子的教育，促进学生的个性化发展；要破除唯分数的教育政绩观和政府主导的教育资源供给模式，调动全社会投入教育的积极性，促进民办教育的发展，倒逼公办学校改革，提高公共教育资源配置效率；要破除僵化教育的管理观，走出教育人、财、物的集权管理模式，走向分权管理和合作治理。

二、进一步深化改革，营造一个鼓励创新的宽松环境

无论是对创新人才的培育和成长而言，还是就教育创新本身而论，营造一个自由宽松的社会环境，都是一个至关重要的条件。要在解放思想的同时，进一步深化教育改革，特别是深化教育管理体制改革。在教育领域简政放权，给地方政府和学校更多的办学自主权；要在自上而下不断深化教育改革的同时，鼓励地方政府，以及从幼儿园到大学等教育机构，积极主动地开展自下而上的教育创新，鼓励学校办出特色，鼓励建设创新型的学校，鼓励为创新人才的生长发展创造一个多元开放的发展空间。

三、建立教育发展的约束指标，引导教育领域的创新

教育事业的健康持续发展，需要确定一揽子约束指标。建议把财政性教育投入占财政支出的比例、教师工资水平不低于当地公务员的平均水平、学生身心素质、青少年犯罪率等指标纳入政绩考核，以此促进全社会落实立德树人的强大合力。建议政府通过一系列立法、行政等措施，为全国的教育创新提供一个稳定有序的基本保障，引导教育领域在各个方面走创新之路。

四、补齐教育公平短板，为各类创新人才的成长提供有效支持

建设创新型国家必须发掘社会各阶层的创新潜力。要进一步完善教育公共服务体系，真正把教育纳入共享发展轨道，特别是要对以下五类儿童提供特殊的、有差别的、精准的公共服务：为家庭贫困儿童提供更高水平的公共服务，让他们的生活和学习更有尊严；为农村留守儿童提供更加有针对性的公共服务，建立更加完善的校内外儿童关爱体系；为进城务工随迁儿童提供更高质量的公共服务，让他们享受与城市孩子一样的公共教育；为特殊教育儿童提供更高水准的公共服务，建立集医疗、康复、教育、社会保障于一体的特殊教育公共服务体系；为中小学学习困难儿童提供额外的、免费的补偿性公共教育服务。

五、结合“互联网+”，建构信息时代的创新型学校生活

要创新网络教育平台建设模式，以县域以上为单位走集约化建设道路，逐步停止以学校为单位进行网络平台开发，学校只是作为县域信息技术服务的一个用户；要创新教育信息技术应用模式，推动信息技术与教师职业生活的深度融合；要创新教育信息技术研发模式，培育一支教育专家、技术专家、教学专家组成的“三结合”的信息技术研发队伍；要创新教育信息化服务市场，在公共服务平台建设和教育资源供给上，实现政府、市场和学校的整合；要创新教育信息化公共服务体系，将欠发达地区、薄弱学校、弱势群体的教育信息化纳入公共服务。

六、建立相关规章制度，保障教育者的创新自由

推进教育家办学，完善中小学教师任职资格制度，大力推进中小学校长和地方教育局长的专业化，实施严格的校长和地方教育局长任职资格准入制度。要依法赋予教师专业自主权，让教师拥有教材选择权、课程改革权；要依法赋予学校法人办学自主权，包括人事管理权、自主招生权、经费使用权、课程改革权、教师工资分配权、对不符合法规要求的教育评估事项的拒绝权等；要继续向省级政府下放教育管理权，依法赋予地方教育自主权，等等。

七、破除体制障碍，全面释放社会教育生产力

解放社会教育生产力，必须坚持能力本位的社会用人制度，取消一切形式的就业学历歧视；提高全社会的理性水平，把家庭教育纳入国民教育体系，用家庭教育改革引领整个社会教育理念的变革；完善公共教育资源配置方式，公共教育资源不但可以由政府直接提供，也可以通过政府购买服务、政府与社会资本合作办学等方式来供给；鼓励教育家办学和教育领域的创新创业；通过政策、机制推动社会资源向学校教育的全面开放，包括制定和颁布《关于各级政府、企事业单位及其他社会组织支持教育事业的条例》，明确政府、企业和各社会组织在支持教育事业方面的具体责任和办法；政府要设定专门时间向中小学生开放，法院负责接纳学生旁听，图书馆、博物馆等免费开放、专人负责，寒暑假期间人文自然遗产地要免费向学生开放，等等。

八、依法治教，推进我国教育治理的现代化

法治是包括教育现代化在内的整个社会主义现代化建设的根本保障，也是教育创新的重要前提和基础。推进我国教育治理体系现代化，打破高度分割、高度集权的教育管理模式：一要“确权”，从法理上厘清教育职能部门之间的权力边界，解决归属不当、推诿扯皮问题。二要“分权”，从法理上厘清组织、编制、人事部门的权力边界。三要“限权”，在“确权”“分权”的基础上，推行权力清单，明确各级政府及其教育行政部门的行政审批权力；推行负面清单，明确各级政府及其教育行政部门不能做什么；推行责任清单，明确各级政府及其教育行政部门必须依法履行的基本教育职责是什么。四要创新教育治理工具，大力推行依法治理、专业化治理、信息化治理、公开化治理、第三方治理、绩效考核等。

中国需要创新，创新需要人才，人才需要教育。教育领域应当尽快展现一个“万众创新”的新局面。各相关部门、社会各界、全国教育工作者，都应关注教育创新，关注创新人才的培育和成长。

中国教育三十人论坛

2015年12月24日

中国教育三十人论坛成员名录

论坛国际学术顾问

约翰·奈斯比特（世界著名未来学家，曾任肯尼迪总统教育部助理部长、约翰逊总统特别助理）

穆罕默德·尤努斯（孟加拉国银行家，2006诺贝尔和平奖得主）

论坛学术顾问

顾明远（北京师范大学教授，中国教育学会名誉会长）

吴敬琏（国务院发展研究中心研究员，中欧国际工商学院宝钢经济学教席教授）

陶西平（国家总督学顾问，联合国教科文组织协会世界联合会副主席）

张信刚（香港城市大学原校长，英国皇家工程院外籍院士）

论坛成员（以姓氏笔画为序）

1. 王嘉毅（甘肃省教育厅厅长，中国教育学会副会长）
2. 文东茅（北京大学教育学院教授，中国教育发展战略学会副会长）
3. 方展画（国家督学，浙江大学教授，浙江省教育科学研究院原院长）

4. 石中英（北京师范大学教育学部部长）

5. 朱永新（全国政协常委、副秘书长，民进中央副主席，中国教育学会副会长，新教育实验发起人）

6. 刘铁芳（湖南师范大学教育科学学院副院长）

7. 汤　敏（国务院参事室参事，友成企业家扶贫基金会常务副理事长）

8. 严文蕃（美国马萨诸塞大学波士顿分校终身教授、教育领导系主任）

9. 杨东平（国家教育咨询委员会委员，北京理工大学教授，21 世纪教育研究院院长）

10. 邵　鸿（九三学社中央常务副主席，全国政协常委、副秘书长，国家教育咨询委员会委员）

11. 李希贵（北京十一学校校长，中国教育学会副会长）

12. 李镇西（成都市武侯实验中学原校长）

13. 张志勇（山东省教育厅副厅长，中国教育学会副会长）

14. 张卓玉（山西省教育厅副厅长，中国教育学会副会长）

15. 吴康宁（南京师范大学教授）

16. 陈平原（北京大学中文系教授，中央文史馆馆员）

17. 季卫东（上海交通大学凯原法学院院长、教授）

18. 周国平（中国社会科学院哲学研究所研究员）

19. 周洪宇（华中师范大学教授，长江教育研究院院长，湖北省人大常委会副主任）

20. 胡瑞文（国家教育咨询委员会委员，上海市教育科学研究院原院长）

21. 项贤明（中国人民大学教育学院教授，民进中央教育委员会副主任）

22. 袁振国（华东师范大学终身教授，国家督学，中国教育学会副会长）

23. 徐　辉（全国政协常委、副秘书长，民盟中央副主席，国家教育咨询委员会委员）

24. 钱颖一（清华大学经济管理学院院长，国务院参事室参事）

25. 程介明（香港大学教育学院首席教授，香港大学原副校长）

26. 谢维和（清华大学校务委员会副主任）

论坛学术委员会

朱永新　汤　敏　周洪宇　袁振国　谢维和

论坛秘书长

马国川（《财经》杂志主笔）

论坛执行秘书长

石　岚

中国教育三十人论坛第二届年会
参会名单

张信刚	李　宁				
王嘉毅	方展画	石中英	朱永新	刘铁芳	严文蕃
邵　鸿	李希贵	李镇西	张志勇	汤　敏	杨东平
季卫东	周国平	周洪宇	项贤明	袁振国	谢维和
马国川	石　岚